LE PLUS
GRAND SUCCÈS
DU MONDE

DISTRIBUTION:

Pour le Canada:
AGENCE DE DISTRIBUTION POPULAIRE INC.
955, rue Amherst, Montréal H2L 3K4
(Tél.: (514) 523-1182)

Pour la Belgique:
VANDER, S.A.
Avenue des Volontaires 321, B-1150 Bruxelles, Belgique
(Tél.: 02-762-9804)

OG MANDINO

LE PLUS GRAND SUCCÈS DU MONDE

Les éditions Un monde différent ltée
3400, boulevard Losch, Local 8
Saint-Hubert, QC, Canada
J3Y 5T6

CHAPITRE 1

Les mots que vous êtes sur le point de lire peuvent mettre fin à votre vie.

On a écrit qu'une vie inutile est pire, et de beaucoup, qu'une mort précoce. Si les années pendant lesquelles votre coeur a battu depuis que vous avez émergé du sein de votre mère ont été empoisonnées par le fiasco et la frustration, les brisements de coeur et le mécontentement, la défaite et l'apitoiement, je vous dis que vous devriez en finir avec cette existence misérable, immédiatement, et commencer le reconstruction d'une vie nouvelle, un être nouveau, débordant d'amour, de fierté, d'enthousiasme et de paix d'esprit.

Non seulement dis-je que vous devriez; je dis que vous *pouvez !*

Non seulement dis-je que vous pouvez; je dis que vous allez le faire, pourvu que vous acceptiez et utilisiez l'héritage sans prix que je suis sur le point de partager avec vous.

Mon nom est Joseph.

J'aimerais bien être un conteur accompli, en pleine possession d'un langage fier, plutôt que d'avoir passé ma vie à tenir registres et livres de comptabilité. Mais, malgré mes insuffisances, je dois *dire* ce que je sais de l'histoire de Zachée Ben Joshua pour le bénéfice d'innombrables générations à venir, pour qu'elles puissent être guidées correctement dans leur recherche d'une vie meilleure. Son histoire et, plus important que tout, son cadeau à l'humanité, ne doivent pas disparaître sous les sables antipathiques du désert avec ceux de nous qui ont connu, aimé et tellement appris de cette créature spéciale de Dieu.

Avant l'âge de cinq ans, il était déjà orphelin.

Les autres enfants se moquaient de son corps difforme - une grosse tête et de larges épaules posées sur un torse rond d'où sortaient deux jambes en fuseaux qui refusaient de grandir.

Il n'avait pas d'instruction. Ces précieuses années de jeunesse s'étaient passées dans des travaux à se briser le dos, de l'aube au crépuscule, cultivant le sol et cueillant les fruits sur les vastes fermes d'Hérode.

Et pourtant, malgré tous ces handicaps, il devint l'homme le plus riche de tout Jéricho, acquérant finalement la propriété de la moitié de toutes les terres irriguées dans un rayon d'une demi-journée de marche de la ville.

Sa maison, entourée de grands palmiers et dattiers, dépassait en étendue et en grandeur ce qui avait déjà été le palais d'été d'Hérode et, plus tard, le fils faiblard du roi méprisé.

Un savant grec éminent l'ayant rencontré au sommet de sa carrière, ce dernier retourna à Athènes et annonça à ses collègues qu'il avait finalement rencontré un homme qui avait conquis le monde et qui n'était même pas conscient de ses réalisations.

Dans sa vieillesse, il accepta une position qui eût apporté mépris et haine sur la tête de tout autre, comme pour ses prédécesseurs, mais l'amour et le respect de tant de gens dont la vie avait été touchée et changée pour le meilleur ne s'atténuèrent jamais.

Vers la fin de sa vie, il fut impliqué dans ce qui était sûrement un miracle, même si, auparavant, je n'ai jamais cru aux miracles. Aucun témoin de cet événement mystérieux n'a jamais été capable d'expliquer en d'autres termes ce qu'il a vu et ce sont les ingrédients de ce miracle qui peuvent et vont changer votre vie comme ils l'ont fait pour tant d'autres.

Prétendez, si vous voulez, que vous écoutez mes paroles plutôt que vous ne les lisez.

Imaginez que votre tête lasse est posée au creux de mon épaule, comme vous l'avez fait autrefois avec vos parents. Ce fut un jour comme tous les autres, alors que vous avez lutté avec des forces dépassant votre contrôle, pour atteindre un peu de paix et de sécurité pour vous-même et pour ceux qui vous aiment et dépendent de vous.

Laissez-moi soulager les meurtrissures de ce jour de bataille alors que je partage avec vous le meilleur de la sagesse d'un homme, une sagesse que vous pouvez appliquer à votre façon de penser, sentir et agir de sorte que vous, feuille morte et abandonnée, battue par toutes les brises, vous puissiez avec le temps être transformé en n'importe quel être humain faisant l'objet de votre désir.

Par-dessus tout, soyez patient et écoutez-moi. Nous avons été élevés ensemble, vous et moi, dans un but bien précis. Qui peut connaître les plans de Dieu à notre égard ? Qui peut expliquer le mystère des raisons pour lesquelles vous lisez ces mots à cet instant particulier de votre vie, plutôt que ceux de quelqu'un d'autre ?

Êtes-vous prêt à sortir de cette vie désuète pour en commencer une nouvelle ?

Au point où vous en êtes, n'est-ce pas que vous avez peu à perdre et beaucoup à gagner ?

En tant qu'humble exécuteur testamentaire qui me suis désigné moi-même, permettez-moi de vous transmettre la plus grande richesse de l'héritage de Zachée.

Ce que vous allez faire de ce legs inhabituel. . . ça dépend uniquement de vous.

CHAPITRE 2

On a dit que la mémoire est le seul trésor véritable en notre possession ; en elle sont emmagasinés tous les diamants de nos années passées. Si c'est vrai, le diamant le plus précieux est sans contredit d'avoir connu et servi l'homme dont le nom, dans la langue de nos ancêtres, signifie : « le juste » ou « le pur » - Zachée.

Notre première rencontre remonte à très loin, sur le marché encombré de Jéricho où j'étais allé après m'être fait fouetter par mon beau-père pour ce que j'avais décidé être la dernière fois. J'étais assis sur un banc de pierre, m'apitoyant sur mon sort et me faisant du souci pour mon avenir, quand j'ai aperçu Zachée pour la première fois.

Plusieurs poutres de cèdre étaient liées à son dos par des courroies, et à cause de leur grande longueur et de leur poids, il titubait d'un côté et de l'autre pour garder son équilibre, mettant gravement en cause la sécurité des passants qui le chargeaient d'injures et de menaces.

Il était presque courbé en deux sous cette charge épouvantable, mais lorsqu'il passa devant moi, je fus choqué de l'entendre chanter ! Je me souviens que je me demandai alors pour quelle raison cette personne pitoyable pouvait bien chanter. Soudainement, devant mes yeux, il trébucha sur les pavés et tomba sous les lourdes poutres.

Dans mon état mental pitoyable, je ne désirais nullement m'impliquer dans les malheurs de qui que ce soit, mais comme aucun passant n'osa même jeter un regard au visage immobile, je courus finalement à lui et commençai à enlever les énormes poutres de bois de sur son corps. Il avait le visage couvert de sang. Je m'agenouillai près de lui et essuyai l'entaille profonde sur son front avec le bord de ma tunique. À un moment donné, il commença à s'étirer, marmonnant des mots que je ne pouvais pas comprendre. Une bonne dame d'un étal à fruits voisin amena une cruche d'eau et une guenille, et nous lui avons lavé le visage jusqu'à ce que ses paupières s'agitent et s'ouvrent. Bientôt, il s'assit.

Il me fit une grimace d'un air penaud et se frotta le dessus de la tête alors que je regardais d'un air ébahi les muscles cordés de ses biceps massifs, ondulant dans le soleil brillant.

« Ils prétendaient que je ne pourrais pas porter sept poutres », dit-il lamentablement.

« Quoi ? »

« Les gens de l'atelier de menuiserie, répliqua-t-il. Ils m'ont dit que pas un homme, et certainement pas quelqu'un de ma taille, ne pourrait transporter sept de ces poutres à la fois, mais j'ai refusé de les croire. Comment peut-on savoir ce qu'on peut accomplir à moins d'essayer ? »

D'une façon mal assurée, il se leva sur ses pieds et j'eus toute la misère du monde à réprimer mon rire. Habillé d'un costume approprié, il aurait fait un clown parfait dans l'un des cirques itinérants qui passaient dans notre ville. Il était tout de tête, d'épaules et de bras et de peu d'autre chose ; sa tunique s'accrochait au pavé, dissimulant complètement ses apanages inférieurs. En hauteur, il n'était pas plus grand qu'un garçon de sept ou huit ans, même s'il avait certainement mon âge, au moins seize ans.

Il s'approcha de moi, mit ses deux fortes mains sur ma poitrine, me regarda de ses deux grands yeux bruns remplis de gratitude et dit, d'une voix profonde et sonore :

« Merci, mon ami, et que Dieu te vienne en aide ! »

Je fis un signe de la tête et m'en allai. Après une vingtaine de pas, ma curiosité me fit me retourner, et quand je le fis, je fus incapable d'en croire mes yeux. Il était là, empilant les poutres les unes sur les autres, pour pouvoir les remettre sur ses épaules ! Il était fou ! Pour des raisons que je ne comprendrai jamais, je me retournai vers lui en courant et lui dis :

« Étranger, vous n'allez pas encore essayer l'impossible, n'est-ce pas ? »

Il laissa tomber bruyamment la septième et dernière poutre en place et se tint les mains sur les hanches, m'étudiant pour un long moment :

« Rien n'est impossible, dit-il doucement, à moins qu'on accepte qu'il en soit ainsi. »

J'hésitai, puis je m'entendis dire :

« Laissez-moi vous aider. Je n'ai pas grand-chose à faire. Prenez ces courroies et attachez-en les poutres ensemble à chaque bout, de sorte que je puisse en porter un bout pendant que vous porterez l'autre. »

Il ouvrit la bouche comme pour dire quelque chose, mais il ne dit rien. Après que les pièces de bois furent attachées bien solidement, il leva la partie avant et je me battis avec l'arrière : nous avons transporté les poutres monstrueuses, en m'accordant plusieurs périodes de repos, jusqu'aux limites de la ville où, ensemble, nous avons érigé, sur la route de Phasaélis, son tout premier étal. C'est là que pendant le mois suivant, nous avons vendu une seule récolte, de grosses figues juteuses récoltées par Zachée et moi-même sur un petit lot de terre qu'il avait acquis après cinq dures années de labeur.

Pour le demi-siècle suivant, et plus, nous ne fûmes jamais loin l'un de l'autre, toujours prêts à amoindrir la charge de l'autre quand une aide était nécessaire. Les vrais amis ne sont jamais acquis par chance; ce sont toujours des cadeaux de Dieu.

CHAPITRE 3

Entouré de tous côtés par le désert inanimé et des collines désolées couvertes de pierres grises, Jéricho est un vert paradis de plaines fertiles nourries par plusieurs sources et aqueducs. Ses récoltes sont si bien cotées qu'à un moment donné, Marc-Antoine a présenté toutes ses plantations de baume et ses environs à Cléopâtre comme présent impérial. Plus tard, cette reine séduisante les revendit à Hérode qui tira de grands revenus de son achat jusqu'à sa mort.

Quand Archélaüs, le fils d'Hérode, fut destitué du pouvoir par Rome, Jéricho et toute la Judée étaient sous la loi des procurateurs romains. Ces hommes, qui avaient habituellement une formation militaire, se souciaient peu de l'agriculture, si ce n'est pour les taxes qu'on pouvait en tirer ; c'est ainsi qu'année après année, Zachée acquit de plus en plus de terres royales qui s'ajoutèrent à sa petite plantation de figuiers. Étant son comptable, je peux me rappeler du temps où plus de deux mille valets de ferme étaient à son emploi, sans compter environ trois cents employés dans les boutiques érigées à l'extérieur et à l'intérieur des murs de la cité.

Alors que les entreprises de Zachée devenaient florissantes, sa foi et sa confiance en mon habileté et mon jugement augmentèrent jusqu'à ce que nous soyons plus proches que ne le sont la plupart des frères de sang. C'est sur mon conseil que son premier magasin de coton fut construit ici, à Jéricho. Plus tard, il fut remplacé par un grand palais, avec un entrepôt adjacent sans pareil, même à Jérusalem, s'étendant sur plus de douze cents coudées.

Mes souvenirs de ces jours-là sont aussi vivaces dans mon esprit que le lever de soleil de ce matin. Dans une parade ininterrompue, les caravanes arrivaient à nos quais de chargement, venant des marchands du monde entier, achetant nos récoltes avec de l'or et de l'argent ou troquant leurs propres produits exotiques et très recherchés en provenance de pays étrangers. L'huile, le vin et la poterie arrivaient souvent des magasins de Marcus Felicius de Rome. De Crespi, en Sicile, arrivaient la bijouterie exotique et le bétail vigoureux. Maltus d'Éthiopie livrait des carapaces de tortues et des épices piquantes pour les femmes riches de Jéricho, alors que Lino de la lointaine Espagne envoyait toujours des objets en or et des barres de fer. Les Germains fournissaient les fourrures et l'ambre poli ; c'est Dion de Perse qui expédiait tapis et parfums rares et Wo Sang Pi envoyait des ballots de soie lustrée de la distante Chang-hai.

En échange, les caravanes repartaient avec des caisses de fruits du pays, des sacs de dattes, des ballots de coton, du miel, des flacons d'huile pure, des bananes, de la teinture de henné, de la canne à sucre, des raisins, du maïs, des figues, et de l'huile du plus haut prix tout ça, récolté sur les terres toujours plus grandes de Zachée dont l'entrepôt devint éventuellement le magasin d'où le monde civilisé entier était servi.

Pour le peuple de Jéricho, Zachée était toujours considéré avec un respect encore plus grand que la plupart des princes du commerce, fabriquant leurs articles. Pour les pauvres et les souffrants de Jéricho, jeunes et vieux, condamnés dans la plupart des cas à une vie de misère et de futilité par des circonstances indépendantes de leur volonté, mon maître devint une lueur d'espoir, leur délivrance de l'inconfort, leur sauveteur de l'inanition, leur guérisseur de maladie et leur protecteur contre les adversités les plus oppressantes de la vie.

Alors que nous travaillions ensemble pour la seconde année et que ses terres étaient encore peu nombreuses et petites, Zachée me demanda, en tant que teneur de livres, de distribuer une proportion sans précédent de la moitié de tous nos profits à ceux qui étaient dans le besoin. Comme notre commerce grandissait, un nombre toujours plus grand de pauvres de la cité furent nourris et habillés ; des bâtiments furent érigés pour loger les vieillards et les orphelins; des médecins furent amenés d'Égypte et de Rome pour soigner les infirmes et les malades; et des professeurs furent recrutés pour instruire la jeunesse.

Même les mendiants et les laissés pour compte les plus pauvres furent tirés des bas-fonds et pris en charge jusqu'à ce qu'un semblant de dignité leur soit rendu. Même pour quelqu'un qui est habile en chiffres, comme moi, il est impossible de calculer combien d'or et d'argent fut dépensé, ou combien de vies furent sauvées grâce à la générosité sans défaillance du maître.

Contrairement à la plupart des richards qui faisaient en sorte que leurs charités soient proclamées à travers tout le pays, c'était dans le caractère de Zachée que sa bienveillance se réalise toujours sans tambour ni trompette et avec une grande modestie. Même quand ce savant renommé d'Athènes, après avoir appris tout ce que Zachée avait accompli en moins de trente ans, s'exclama en disant qu'il était sans doute *LE PLUS GRAND SUCCÈS DU MONDE,* je me souviens que Zachée rougit et haussa ses énormes épaules. Sa réponse à une telle louange était toujours la même. On l'avait favorisé de tellement plus de biens matériels que n'importe quel être humain n'en peut mériter, qu'il ne faisait après tout que prêter l'aide modeste de sa main à Dieu en remboursement partiel de tout ce dont ce dernier l'avait favorisé.

C'est d'une main juste mais ferme que Zachée régnait sur son royaume, comme il appelait en riant, le conglomérat de ses terres. Une seule tragédie troubla ces premières décades de prospérité et ça nous rapprocha une fois pour toutes, s'il était possible de nous rapprocher encore.

Comme elle est étrange cette façon que possède la douleur de lier deux coeurs de liens plus forts que le bonheur ne le pourra jamais.

CHAPITRE 4

Pendant le jour, Zachée et moi, nous nous voyions très peu, car son empire s'agrandissait. Je me tenais habituellement dans l'entrepôt en train de faire l'inventaire, de surveiller une livraison, ou de contrôler la tenue de nos nombreux comptes. Lui, de son côté, passait continuellement d'une ferme à l'autre pour aider nos régisseurs à résoudre leurs nombreux problèmes et, très souvent, suait sang et eau dans les champs avec les travailleurs. C'était un homme chanceux; il aimait le travail !

Le soir, comme nous vivions en célibataires, nous prenions notre repas ensemble, profitant de ces heures reposantes pour discuter du progrès de nos opérations et planifier l'avenir.

Je n'oublierai jamais, un soir, alors que le patron était étrangement lointain, touchant à peine à la nourriture, ne répondant à mes remarques que par des signes de tête occasionnels. Ce comportement inhabituel se continua pendant tout le repas jusqu'au moment où j'en ai eu marre d'un tel comportement.

« Zachée, qu'est-ce qui ne va pas ? » Il leva la tête et me regarda fixement d'un air confus sans rompre le silence. « Un problème sérieux sur une ferme ? continuai-je. Où es-tu allé, aujourd'hui ? »

« Au nord », répliqua-t-il doucement.

« Et comment le coton de Reuben et la canne à sucre de Jonathan supportent-ils leurs coupures en approvisionnement d'eau ? »

« Très bien, très bien ! Ils s'attendent tous deux à dépasser leur record de l'an dernier. »

Ensuite, ce fut encore le silence. Je ne l'avais encore jamais vu agir de cette façon-là envers moi.

« Es-tu malade ? » demandai-je finalement.

Il secoua la tête. Encore le silence. Mais je suis obstiné. Je décidai donc de l'attendre. En autant que j'étais concerné, nous resterions assis à table jusqu'à l'aube, ou du moins tant qu'il ne se confierait pas à moi.

Mon attente ne fut pas longue. Avec un gémissement d'agonisant, Zachée bondit soudainement de sa couche et se tint devant moi, levant sa tunique de lin pour me montrer ses fines jambes d'enfant.

« Regarde-moi ça, Joseph ! cria-t-il. Regarde ce handicap terrible au corps d'un homme ! Regarde-moi cette tête, assez grosse pour deux personnes et devenant déjà chauve. Regarde ces épaules et ces bras et cette étrange rondeur de la poitrine et ensuite, regarde, regarde-moi ces fins roseaux secs qui doivent supporter toute cette laideur. Je suis vraiment une farce pour la race humaine, enfermé à l'intérieur de cette cage terrible d'un corps défiguré pour lequel il n'existe aucune autre sortie que la mort. Emprisonné à perpétuité dans une prison sans porte ! Pourquoi Dieu m'a-t-il traité ainsi, Joseph ? »

Il s'effondra soudain sur sa couche et mit sa tête dans ses mains, sanglotant. J'étais trop choqué pour parler. De toutes nos années de compagnonnage, le sujet de son corps trop court, étrangement difforme, n'avait fait surface qu'une couple de fois et chaque fois, oui, chaque fois, nous avions bu plus que notre part de vin de table. En ces deux rares occasions, d'après ce dont je puis me rappeler, notre conversation avait débuté avec ma suggestion à l'effet qu'il était temps pour lui de prendre une femme qui partagerait sa chance. . . et les deux fois, il avait souri mélancoliquement, disant qu'aucune femme sensée ne consentirait à se fiancer à une moitié d'homme, et laid par-dessus le marché !

Fiancé ?

Je me levai et touchai son épaule gentiment.

« Zachée, as-tu passé beaucoup de temps avec le vieux Jonathan, aujourd'hui ? »

Il me scruta du regard avec circonspection, entre ses doigts écartés.

« Nous avons passé presque toute la matinée ensemble. Pourquoi ? »

« Et comment va son amour de fille, Léa ? Je m'imagine qu'elle doit devenir de plus en plus belle avec chaque saison qui passe. »

Ses épaules magnifiques s'affaissèrent et Zachée porta son regard dans le lointain.

« Joseph, nous vivons ensemble depuis si longtemps, toi et moi, que même ce qui est caché dans le coeur de l'un est à peine plus difficile à déchiffrer qu'un rouleau ouvert pour l'autre. Je donnerais toutes mes terres pour avoir Léa comme épouse ! » soupira-t-il.

« Et que pense-t-elle de tout ça ? »

« Comment en être sûr ? Elle est toujours gentille avec moi, et plaisante, quand je rends visite à son père, mais après tout, ne doit-on pas s'attendre à ce qu'elle agisse ainsi envers le riche petit homme laid qui possède la terre et qui la fait vivre, elle et sa famille ? Et qu'est-ce qui arriverait si j'avais le courage de demander à ses parents la permission de discuter mariage avec elle, et si elle acceptait mon offre ? Ne m'épouserait-elle pas uniquement pour la sécurité et les bonnes choses que je peux lui procurer ? Comment pourrait-elle jamais sentir de l'amour pour l'homme qui vit dans cette . . . cette cage ? » grimaça-t-il en passant ses mains de la tête aux orteils.

« Zachée ! dis-je en me levant, je ne t'ai jamais menti

pendant toutes ces années où nous avons travaillé ensemble. »

« Je sais ! »

« Écoute-moi ; je t'en supplie. Il y a plusieurs années, la première fois que je t'ai vu sur la place du marché, j'ai eu pitié de toi. Cette pitié fut de très courte durée, car j'ai vite réalisé que tu étais plus viril que je ne le serai jamais. Graduellement, alors que je te voyais accomplir de grandes merveilles, empilant les succès les uns sur les autres, tu es devenu un géant, pour moi, au corps et au visage parfaits. C'est toujours de cette façon-là que je te vois, aveuglé, si tu veux, par tes nombreux talents, ton courage, ton intelligence, ta compassion pour les autres et ta grande force pas tant dans tes bras que dans ton âme. Zachée, je gagerais ma vie que Léa te voit exactement de la même façon que moi. »

Ils s'épousèrent au cours de l'année. Quatre ans plus tard, ils emménagèrent dans un palais construit pour elle par Zachée. Une autre année passa et juste au moment où les époux s'étaient résignés à ne jamais recevoir la bénédiction d'un enfant, Léa annonça qu'elle était effectivement enceinte.

Il va sans dire que Zachée était sûr que son premier-né serait un garçon. Mois après mois, chaque fois que nous étions ensemble, ça demandait un effort énorme de ma part pour amener la conversation sur un sujet regardant nos affaires. Déjà, le futur père élaborait des plans grandioses pour son héritier. Le gaillard aurait la plus belle écurie d'étalons arabes, des professeurs amenés de Rome, de Corinthe et de Jérusalem pour l'instruire correctement, une chambre spéciale du palais serait consacrée exclusivement à recevoir ses jouets et, un jour, son fils serait le plus grand propriétaire terrien de toute la Judée, avec des serviteurs toujours à sa disposition, et des amis qui seraient les hommes les plus puissants du monde.

« Regarde-moi ça, Joseph », me dit-il, un matin, ouvrant une petite boîte de noyer poli, et tirant de sa doublure de soie une pièce d'ivoire délicatement ciselée, plus petite que mon poing. Au long des années, j'étais devenu un tel expert en travaux d'art produits à partir des défenses d'éléphants que je pouvais détecter s'ils avaient été faits à partir des défenses d'un éléphant africain ou chinois par leur couleur et leur texture. C'était sans l'ombre d'un doute une pièce chinoise, sculptée jusque dans les moindres détails dans ce qui semblait être une petite cage d'oiseau. À l'intérieur, un oiseau minuscule, aussi en ivoire, roulait d'un bord à l'autre sur la base de la cage.

« Ça a dû prendre des mois à le réaliser ! soupirai-je. Te rends-tu compte que toute l'oeuvre a été exécutée à partir d'une seule pièce d'ivoire massif et de façon si experte que le petit oiseau à l'intérieur fut sculpté en son centre sans briser les innombrables petits barreaux blancs qui l'y enferment ? Je n'ai jamais rien vu de pareil ! Ça vaut une fortune ! »

« J'ai une grande compassion pour ce petit oiseau, sourit-il tristement, caressant gentiment sa joue avec la petite cage blanche. Comme tu peux voir, sa prison n'a aucune porte, elle non plus. »

« Où as-tu obtenu un tel trésor ? »

« C'est un cadeau de notre ami de la caravane, Wo Sang Pi, pour notre futur fils. »

« Pour ton fils ? » demandai-je intrigué.

« Oui, pour mon fils. C'est un hochet, Joseph, un hochet pour amuser mon bébé dans les rares occasions où je ne pourrai pas être au palais pour jouer avec lui. »

Les pleurs inondent mes yeux, même quand j'écris cela, car ce hochet ne fut jamais saisi par des doigts minuscules et jamais aucun des rêves et des plans de Zachée pour son fils ne se réalisa. Le bébé, un garçon, était mort-né et la belle et frêle Léa ne survécut pas à l'accouchement.

Les douze mois suivants furent une véritable agonie pour tout l'entourage de Zachée. Il se retira dans sa vaste chambre à coucher et se coupa de tout contact avec le monde extérieur dans lequel il m'incluait. Seul Shemer, le premier serviteur engagé par Léa quand ils ont emménagé dans leur palais, pouvait lui apporter de la nourriture et des vêtements frais; chaque fois que nous nous informions auprès de lui de la santé de notre maître, le vieil homme secouait sa tête et s'éloignait.

Un jour, alors que je peinais dans mes registres et livres de comptes, je sentis une main ferme et familière sur mon épaule.

« Comment ça va, le comptable ? » dit Zachée, calmement, avec l'aspect et le verbe que je lui connaissais avant la tragédie.

« Bonjour maître ! Bienvenue et bon retour ! »

Il me fit un signe de la tête vers le registre.

« Est-ce qu'on fait encore des profits ? »

« Plus que jamais. »

« Voilà la preuve de ce que je dis depuis des années, Joseph; tu es aussi important que moi dans cette entreprise, sinon plus. »

« J'apprécie tes bonnes paroles à mon sujet, Zachée, répliquai-je, mais tu te laisses gagner par ta générosité. En commençant avec cet étal sur le bord de la route, tout fut construit grâce à ta vision de l'avenir et à ta persévérance. Je n'étais et ne reste qu'un outil utile pour toi et j'en suis honoré. Tous les grands réalisateurs comme toi ont besoin de gens comme moi pour donner suite à leurs consignes. »

Il me caressa la tête:

« Joseph, j'ai une faveur à te demander. Combien penses-tu qu'il y a d'enfants, dans cette ville, qui n'ont pas encore atteint leur dixième anniversaire ? »

Ma bouche, j'en suis sûr, s'ouvrit béatement !

« Com... combien d'enfants ... dixième anniversaire ? »

« Oui. »

Je dois avouer que, pour un bref moment, je dus considérer la possibilité que cette perte, tragique pour Zachée, et ses longs mois de réclusion avaient affecté son esprit. Finalement, je répliquait :

« Peut-être deux mille ! »

« Très bien ! Je veux qu'on pose des affiches par toute la ville, les invitant tous avec leurs parents à une fête dans notre cour, dans quatre jours, le septième jour de nisan. »

Les comptables ne peuvent survivre à moins d'être compétents pour retenir les dates :

« Le sept de nisan, trébuchai-je dans mes mots, n'est-ce pas le jour, il y a un an, où... où...? »

« ... j'ai perdu ma famille, ma Léa et mon fils ? C'est

exact comme toujours, mon cher ami, continua-t-il sans laisser paraître ni peine ni apitoiement sur son propre sort dans sa voix chaude. Joseph, nous allons faire une fête anniversaire de la naissance de mon fils, non seulement pour l'honorer, mais aussi pour honorer chaque enfant de Jéricho, car l'anniversaire de l'arrivée en ce monde de la plupart d'entre eux n'a jamais été reconnu. Quoique ça coûtera, retire le montant de notre caisse et prends tous les arrangements nécessaires pour que chacun soit fêté royalement et assure-toi que chaque enfant recevra un jouet qui sera désormais le sien propre.

« Deux mille ! Ça va prendre une fortune », haletai-je.

« Ça ne devrait pas nous déranger tellement. Et pense à ce que ça va signifier pour chacun d'eux. »

Et c'est ainsi que lorsque vint le septième jour de nisan, la vaste cour extérieure de marbre du palais de Zachée devint un terrain de jeu rempli d'enfants, riant et courant et pleurant de joie alors qu'ils se gorgeaient de douceurs que beaucoup n'avaient jamais vues ou goûtées auparavant. Et personne ne se réjouit des festivités autant que Zachée. Les clowns engagés firent bien rire; Zachée aida les jeunes à monter dans de petits chariots tirés par des ânes, lança des ballons multicolores aux pieds des jeunes danseurs, et il exhorta les parents timides à s'impliquer dans les jeux de leurs enfants. Enfin, le visage tout rouge et le souffle coupé, il s'assit à mes côtés et surveilla la fête, applaudissant le bonheur qui paradait devant ses yeux.

Tard, dans la journée, après que la foule se fut dispersée, un jeune garçon, les doigts dans la bouche, courut tout près de l'endroit où nous étions assis. Zachée étendit les mains et le garçon s'élança hardiment sur les genoux de son hôte.

« Et comment t'appelles-tu ? »

« Nathaniel. »

Un petit sanglot s'échappa des lèvres de Zachée. Il se refit une mine et dit :

« C'est un beau nom. Si j'avais un fils, je l'appellerais Nathaniel. »

Le petit gars se mit à rire nerveusement et se serra de plus près, mâchant bruyamment son bâton de canne à sucre humide.

« Dis-moi, Nathaniel, le regardant directement dans ses yeux bruns, si on exauçait n'importe lequel de tes désirs, aujourd'hui, qu'est-ce que tu désirerais ? »

Le rire nerveux cessa et le jeune fronça les sourcils dans sa contemplation, en essuyant sa face fariolée de saleté et en regardant autour. Ensuite, il pointa vers le palais, derrière nous.

« Tu veux avoir cette grosse maison ? dit Zachée en étouffant son rire. Mais si je te la donnais, où est-ce que je vivrais ? »

Le garçon secoua la tête impatiemment.

«Non, non. . . le blanc. . . le blanc. . . »

« Les murs blancs ? » demanda Zachée en se tournant vers moi pour une assistance qu'il m'était impossible de lui rendre.

Nathaniel pointa encore les murs blancs du palais. Ensuite, il se tourna dans les bras de Zachée et pointa à travers deux palmiers vers les murs voisins de la ville :

« Murs sales. . . murs sales. »

« Ah ah ! lança Zachée. Maintenant, je comprends. Tu aimerais voir les murs de la ville aussi blancs et propres que ceux de ma maison ! »

Le jeune approuva de la tête, tout excité.

Zachée tressaillit et se tourna à temps pour me surprendre luttant très fort pour ne pas éclater de rire. C'était l'une des rares fois où j'ai vu le maître déconcerté.

« Tu vois, Zachée, dis-je en riant sous cape, les désirs sont l'un des rares plaisirs du pauvre, même s'ils n'ont aucune idée de ce qui est nécessaire pour transformer les désirs en réalités. »

Il secoua la tête.

« Joseph, le désir est le premier pas vers l'accomplissement. Si une personne ne commence pas à désirer, elle ne fera jamais de plans pour réaliser quelque chose. »

Zachée posa Nathaniel sur le sol, approcha la tête du petit gars de sa poitrine et l'embrassa sur le front.

« Ton désir va s'accomplir, Nathaniel. En ton honneur et en l'honneur de tous les enfants de Jéricho, les murs seront peints en blanc. »

Et ainsi en fut-il fait. En quelques semaines, après avoir demandé et obtenu l'approbation à la fois des sages de la cité qui en étaient choqués et du centurion romain dont le quartier général était à Jéricho, les murs sales en terre cuite encerclant la cité furent peints en blanc, des deux côtés et même sur le dessus, par plus de cinq cents travailleurs. Chaque année, par après, la jeunesse de Jéricho était conviée à une fête dans la cour, le sept de nisan, et les murs de la cité recevaient des couches fraîches de blanc aux dépens du maître.

Puisque je n'avais pas reçu la bénédiction d'une famille bien à moi, j'acceptai finalement sa bonne invitation d'emménager dans le palais avec lui et nous avons vieilli ensemble, nous ressemblant de plus en plus à chaque année nouvelle, tout comme deux pins au sommet de la montagne, exposés aux mêmes vents et pluies, devenant éventuellement un peu plus que des miroirs l'un pour l'autre.

Et nos entreprises continuèrent à se multiplier et à fleurir en paix et tranquillité jusqu'à ce qu'un jour, nous recevions la visite surprise du procurateur romain nouvellement nommé en Judée.

CHAPITRE 5

Ponce Pilate avait une stature peu élevée, mais il avait une façon de se comporter qui exigeait le respect dû à son rang. Avec sa peau foncée et sa chevelure argentée coupée court, il était le type de tout officier romain, de la cuirasse jusqu'aux bottes ioutées d'argent. Une lourde transpiration sur le visage et le cou étaient les seuls défauts de son image impressionnante de puissance alors qu'il se pavanait dans notre cour, les mains croisées derrière le dos, entretenant une conversation suivie avec Zachée en grec, notre langue commune, alors que l'officier en chef de la ville, Marcus Crispus et moi marchions en silence derrière eux.

Après avoir complété le tour du palais et de l'entrepôt, nous nous sommes reposés dans l'ombre de l'atrium et Shemer sortit ses gobelets d'argent dans lesquels il versa un vin blanc frais.

Pilate fut le premier à lever son gobelet.

« Je vous salue, Zachée. À partir de ce que vous avez été assez bon de me montrer, je peux maintenant comprendre pourquoi tant de gens vous appellent l'homme le plus riche de Jéricho. Une réalisation à peu près incroyable en une vie. Quel âge avez-vous, monsieur ? »

Zachée but son vin à petits coups et sourit.

« Je suis maintenant parvenu au soir de ma vie, procurateur, mais je suis encore un enfant dans mon coeur. J'ai peur que, comme les autres, mon désir soit de vivre longtemps sans qu'il soit nécessaire de vieillir. À mon prochain anniversaire, j'aurai soixante-sept précieuses années. »

Pilate secoua la tête d'admiration.

« Vous êtes un homme surprenant, Zachée. Vos exploits doivent certainement égaler ceux de ce fameux marchand de Damas, connu comme le plus grand vendeur du monde. »

« Je connais Hafid depuis plusieurs années. Ses caravanes innombrables chargent et déchargent à notre entrepôt plusieurs fois par année. »

« Votre palais est magnifique et votre entrepôt ne connaît sûrement pas son égal, même à Rome. »

Zachée haussa ses larges épaules.

« Ma richesse n'est pas ici, monsieur. C'est dehors, sur les fermes, cultivant figuiers et dattiers, le coton, la canne à sucre, et même là, ça perdrait toute valeur sans mon plus grand actif, les loyaux employés qui prennent soin des plantes et des arbres avec amour et intérêt. Je serais très fier de vous montrer mes trésors, si vous pouviez passer deux ou trois jours ici avec nous. »

Pilate leva ses deux mains.

« Ce ne sera pas nécessaire. Mon prédécesseur Valerius Gratus s'est donné beaucoup de peine pour me fournir un rapport complet de tout ce que vous avez accompli ici. Et Rome vous est des plus reconnaissantes pour vos grosses remises de taxes qui ont tellement contribué au maintien de la paix à travers tout l'empire. Dites-moi, comme vous vivez ici, à Jéricho, vous êtes aussi obligé de payer des taxes au temple de Jérusalem ? »

« En effet, César reçoit ce qui lui est dû, mais il en est également de Dieu. »

Je vis la mâchoire de Pilate se resserrer et j'écoutai avec une prémonition montante de danger, alors que ces deux hommes forts continuaient leur entrevue. Pourquoi le procurateur était-il ici ? Les procurateurs faisaient rarement des visites de politesse, spécialement en Judée, préférant demeurer dans la résidence somptueuse de Césarée, excepté pour nos jours saints, alors qu'ils apparaissaient à Jérusalem, avec des troupes de renfort, pour garder le contrôle des grands rassemblements de pélerins.

Zachée semblait lire mes idées.

« Votre visite nous honore beaucoup, monsieur. De toutes les années du règne de Gratus comme gouverneur de Judée, sa présence n'a jamais honoré notre maison. »

Pilate ignora la question implicite du maître et pointa la petite portion des murs de la ville qu'on pouvait voir à travers un buisson de palmiers.

« Est-ce que les murs de cette ville ne furent pas jetés à terre par ce que votre peuple a déclaré être un miracle, il y a tellement d'années ? »

« Pas ces murs, corrigea Zachée, mais ceux de la vieille cité, qui s'élevaient directement au nord des murs actuels. Après que notre peuple se fut échappé de l'esclavage d'Égypte, il y a plus de quatorze siècles, il erra pendant plusieurs années avant de traverser le Jourdain et d'arriver sur ces plaines vertes dans sa recherche d'une terre promise. Toutefois, le peuple de Jéricho les rejeta et barra les portes de sa ville, mais Dieu instruisit notre chef sur la façon de procéder contre l'ennemi enfermé à l'intérieur. »

« Un plan de bataille de votre Dieu ? »

Pilate n'essaya même pas de cacher son mépris dans sa voix.

« Voilà comment ça s'est passé. Chaque jour, notre peuple, obéissant aux ordres de Dieu, fit une marche autour des murs de la ville derrière sept prêtres soufflant dans des cornes de bélier. Après la marche, ils se retiraient dans leur camp voisin. Ensuite, le septième jour, nos forces marchèrent autour du mur sept fois de suite, puis elles se tournèrent toutes vers la ville. Quand les prêtres se remirent à sonner leur trompette, la multitude leva ses bras puis cria et les pierres en furent ébranlées. Elles se craquèrent jusqu'à ce que le puissant mur soit culbuté au sol; c'est alors que la ville fut prise et réduite en cendres. Vous pouvez encore voir ses ruines, à une courte marche d'ici. La plus grande partie du mur actuel de la ville nouvelle fut construite par Hérode dans les premiè-res années de son règne comme roi. »

« Très intéressant, dit Pilate, faisant signe de son gobelet pour que Shemer le remplisse. Et je sais que la couche de blanc brillant qui couvre maintenant le mur est votre oeuvre. J'applaudis une telle fierté civique, Zachée. Ça donne une vue des plus plaisan-tes lorsqu'on descend de Jérusalem dans le paysage désolé, de voir ce cercle brillant de brique blanche entouré par la verdure de ce que vos fermes doivent constituer en grande partie. Jérusalem devrait avoir un tel bienfaiteur.

Zachée fronça les sourcils :

« Jérusalem n'a pas besoin d'une telle décoration, le Temple est là. C'est suffisant. »

Les yeux de Pilate se rétrécirent :

« La forteresse romaine Antonia est également là. »

Zachée sourit et fit un signe de la tête :

« Qui peut l'oublier ? »

Je retins ma respiration. Le ton de la conversation n'était pas sain. À la fin, le procurateur plaça bruyamment son gobelet sur la table et se tourna vers son subordonné silencieux, Marcus Crispus.

« Centurion, dit-il courtoisement, peut-être devrais-tu informer notre hôte de l'objet de notre visite. »

Marcus était un homme bon et gentil. Au cours des années, nous avions souvent traité avec lui et nous avions toujours été accueillis correctement. Il se pencha vers Zachée et je pus voir la peur de Pilate dans ses yeux. Sa voix dépassait à peine la force d'un soupir.

« Monsieur, vous connaissez bien le chef des collecteurs de taxes ici ? »

« Samuel ? Qui ne serait pas familier avec le chef des publicains, spécialement depuis qu'il tire régulièrement de mon trésor tellement d'or et d'argent ! Oui, je le connais bien. Nous avons été amis pendant plusieurs années malgré la basse opinion que j'ai de son occupation et l'angoisse qu'il nous cause, à moi comme à mon comptable. »

Marcus eut un sourire forcé :

« Samuel est très gravement malade et il a demandé à être relevé de ses responsabilités de directeur général des collecteurs de taxes du district. »

Zachée se joignit les mains.

« Voilà de tristes nouvelles. C'est un homme bon, un bon mari et père, et il rend à Dieu un culte de foi malgré la haine qu'il est obligé d'endurer en tant que publicain. Il fut aussi un homme honnête dans toutes ses relations et les collecteurs de taxes honnêtes sont aussi rares qu'un miracle. Il va me manquer. Est-ce que le procurateur honoré a déjà choisi son remplaçant ? »

Avant que Marcus ne puisse répliquer, Pilate se leva dans un mouvement d'impatience et plaça sa main sur l'épaule de Zachée :

« Monsieur, je vous ai choisi pour assumer la fonction de Samuel comme chef des publicains de Rome dans cette ville ! »

La tête de Zachée eut un recul comme si elle avait été frappée. Tout ce dont je peux me souvenir des quelques moments qui suivirent, ce sont les lourds martèlements dans ma poitrine. Le visage du maître avait tourné au gris et il dévisageait Pilate, secouant sa tête violemment d'un bord à l'autre.

« Ce n'est pas sérieux, monsieur. Je ne m'engagerais jamais dans une entreprise aussi répugnante contre mon propre peuple, même si je crevais de faim. Pourquoi venez-vous me voir avec une telle suggestion alors qu'il y en a tant qui vous lècheraient les bottes pour une telle opportunité de remplir leur bourse ? Pourquoi me choisir dans tout ce monde ? »

Pilate s'appuya calmement le dos dans sa chaise et leva sa main droite, les doigts séparés.

« Pour plusieurs raisons, Zachée. Premièrement, dit-il, touchant son pouce, vous êtes un homme honnête. Deuxièmement, continua-t-il, agitant son petit doigt, vous êtes prudent pour tout ce qui regarde les affaires et l'argent. Aucun de la soixantaine de publicains, dans leur bureau de péage ou en ville, n'oserait retenir une quelconque partie de leurs collections si vous êtes le patron. Ensuite, vous êtes déjà riche, de sorte que l'argent aurait pour vous peu de chances de séduction... »

Dans une action qui lui était rare, Zachée interrompit le procurateur. Abaissant sa voix comme s'il expliquait quelque fait de la vie à un enfant, il dit :

« Peut-être ne comprenez-vous pas, monsieur, étant donné que vous n'êtes arrivé en Judée que depuis peu, que pour notre peuple, il n'existe pas de façon plus répugnante de gagner sa vie que de collecter des taxes de son propre peuple pour les donner à César. Seul un courtisan ou un bouvier ont une réputation pire que la sienne et l'on dit, dans notre foi qu'aux yeux de Dieu, le repentir des leveurs de taxes est à peu près impossible. Pourquoi devrais-je sacrifier le respect de chaque citoyen de Jéricho et mettre en danger mes relations avec Dieu en prenant sur moi, à mon âge avancé, un appel que je déteste et que je ne saurais réaliser tout en gardant une conscience claire ? Avec tout le respect qui vous est dû, monsieur, je suggère que vous cherchiez ailleurs votre publicain en chef ! »

En disant cela, le maître se leva comme pour signaler que la discussion était close, mais le procurateur demeura assis, un sourire tendu sur les lèvres.

« Zachée, j'ai trouvé mon publicain. Je connais vos charités innombrables et les merveilles que vous avez façonnées dans cette cité. Vous êtes sans aucun doute la personne la plus aimée de tout Jéricho et par vos actions, au fil des années, il est évident que vous avez beaucoup d'amour et de compassion pour tous vos concitoyens.»Pilate fit une pause comme pour choisir ses mots avec soin:« Maintenant, je vous le demande, est-ce que vous et votre Dieu préféreriez que je choisisse, comme publicain en chef, quelqu'un d'autre qui s'avérerait du type qui excuserait le vol et l'extorsion que nous savons exister dans la collection des taxes ? Vous devez être conscient des innombrables façons dont des publicains insolents et voleurs peuvent rendre la vie insupportable à tout le monde, malgré tous nos efforts pour maintenir l'ordre dans leurs activités. Ne voulez-vous pas donner un peu plus de vous-même pour voir à ce que tant de vies cessent d'être rendues plus insupportables qu'elles ne le sont ? Ou êtes-vous de ceux qui trouvent facile de donner seulement quand il y a peu de sacrifice ou d'inconfort personnel impliqué ? »

C'est ainsi que l'homme qu'on se serait le moins attendu de voir dans cette position, dans tout Jéricho, devint le collecteur en chef des taxes de la cité. À la longue, les citoyens se remirent de leur choc initial, et après que Zachée m'eut délégué la gérance quotidienne de toutes ses entreprises, il se lança avec autant de zèle dans son nouveau défi qu'il l'avait toujours fait pour chaque entreprise.

Les collecteurs de péages routiers malhonnêtes et rapaces furent mis à la porte dès qu'ils furent détectés; des taux de taxes équitables furent levés sur toutes les fermes et commerces et, par une inspection constante, Zachée s'assura que le moins de gens possible soient trompés ou maltraités par quiconque tombait sous sa juridiction.

Dans sa position d'autorité désagréable, Zachée servit pendant plus de quatre ans, des années durant lesquelles son esprit dut payer un dur tribut. Graduellement, il commença à fulminer sur les conditions de sa vie, mentionnant même la mort en maintes occasions, comme si le fait de rejoindre sa Léa bien-aimée dans sa tombe de marbre derrière le palais allait être un réconfort bienvenu.

Qui aurait pu prévoir qu'un jour, mon maître bien-aimé de soixante et onze ans grimperait à un sycomore, ou que les conséquences de cette action apparemment risible changeraient complètement le reste de sa vie ?

CHAPITRE 6

À Jéricho, le palais déserté par Hérode avait été repris en mains depuis longtemps par Rome et on l'utilisait dans plusieurs services gouvernementaux. Dans l'une de ses anciennes salles à manger dont les portes closes étaient toujours gardées par un sombre légionnaire, Marcus Crispus avait établi ses quartiers généraux d'où il surveillait les activités de la cité avec l'aide d'un petit contingent de soldats fournis par Ponce Pilate.

C'est là également qu'étaient situés les bureaux du chef des publicains, appuyé d'une douzaine de commis qui recevaient les collections journalières des collecteurs de taxes de la région, comptaient l'argent, et le préparaient pour son expédition hebdomadaire au trésor de Pilate à la forteresse de Jérusalem. De là, l'argent était transporté sous bonne garde à Vitellius, le légat, qui avait ses quartiers généraux à Antioche et qui rassemblait les réceptions de toutes les provinces pour les expédier à Rome.

Comme je venais juste de rendre visite au gérant de l'un de nos plus gros magasins de fruits situé près du palais, j'ai décidé de faire une visite à Zachée. La porte

de son bureau était fermée et juste comme je m'apprê-
tais à frapper, j'entendis des voix haineuses criant à
l'intérieur ! Avec une discrétion inhabituelle chez
moi, je reculai de la porte et m'assis sur un banc voisin
pour attendre. Après une courte attente, la porte
s'ouvrit d'un coup et une personne de haute stature
passa devant moi si rapidement que je ne vis que le
dos de sa tunique grise et sa tête penchée comme si
ses sandales fugitives rendaient un écho sonore sur
les tuiles de marbre.

« Truand ! Voleur ! Il vaudrait mieux que je ne te voie
plus jamais . . . jamais la face ! »

Zachée se tenait dans la porte du bureau, secouant
son poing massif vers l'homme en retraite. Il se mit à
rire quand il me vit et me fit signe de la tête pour que
j'entre, fermant la porte derrière nous.

« Du trouble ? » demandai-je, après m'être assis.

« Toujours de la part du même groupe, soupira-t-il.
Ceux qui collectent le péage sur les routes sont des
épines constantes dans ma chair. Ils tourmentent
même les pèlerins montant à Jérusalem pour les jours
saints, les humiliant en insistant pour que chaque sac
contenant leurs possessions soit ouvert pour inspection et leur extorquant même des surtaxes pour les
cadeaux que ces pauvres gens amènent au temple
pour la Pâque. C'est le pire temps de l'année. J'aurais
besoin de mille paires d'yeux pour surveiller tous
mes publicains cupides. Celui qui t'est juste passé

devant comme s'il volait avait imposé une telle taxe de péage sur une même famille qui était incapable de payer. Sais-tu ce qu'il a fait ? Il leur permit finalement de passer après qu'ils eurent consenti à échanger leur âne en pleine santé contre un vieil âne malade qui lui appartenait ! Heureusement, ils eurent le courage de me rapporter le crime et quand ils vont revenir ici, cet après-midi, ils vont recevoir restitution entière. »

Il me montra une petite bourse qui me sembla, d'après sa rondeur, pleine de pièces de monnaie.

« Joseph, soupira-t-il en fermant les yeux, qu'est-ce que je fais ici, quand je pourrais profiter du peu de temps qu'il me reste dans mes beaux champs verts, sous le ciel bleu, respirant l'arôme du baume et de la datte ?

« Tu es ici, Zachée, pour protéger ceux qui sont sans pouvoir pour se protéger eux-mêmes. Ne m'as-tu pas parlé de ça maintes et maintes fois au cours des quelques dernières années ? »

Il secoua sa tête et soupira :

« Suis-je le gardien de mon frère ? »

« Tu l'as toujours été, Zachée, et tu ne changeras jamais. »

Il fronça les sourcils et se hâta de changer de sujet.

« Raconte-moi ce qui se passe sur les fermes. Est-ce que cet aqueduc vers l'ouest a été nettoyé ? »

Avant que je ne puisse répliquer, on frappa fort à la porte.

« Entrez ! » hurla Zachée.

La porte s'ouvrit d'un coup pour révéler un jeune homme, habillé seulement d'un pagne, sa poitrine bien musclée se soulevant violemment, alors qu'un gémissement de besoin d'air venait de sa bouche ouverte.

Zachée bondit et courut vers le jeune homme.

« Qu'est-ce qui ne va pas, Aaron ? Est-ce que quelque chose est arrivé à ton père ? »

Le jeune homme haletait ; le maître se tourna vers moi.

« Son père est un collecteur de taxes sur la route du Pirée, un bon homme. »

Zachée conduisit le garçon vers un banc, lui donna un flacon d'eau et, pour quelques minutes, il lui massa le cou en le réconfortant.

« Maintenant, dis-moi, garçon, qu'est-ce qui t'amène dans un tel état ? »

« Mon père m'a demandé de vous faire un rapport aussi vite que possible. »

« Un rapport ? Rapporter quoi ? A-t-il été volé dans sa tente ? Est-ce qu'on lui a fait mal ? »

« Non, non ; mon père est bien et vous envoie ses souhaits. Mais il veut que vous sachiez qu'il vient tout juste d'être témoin d'un miracle. Un aveugle, qui s'asseoit chaque jour près de sa tente, quêtant l'aumône des passants, vient juste de recouvrer la vue grâce à ce prophète de Galilée qu'on appelle Jésus. »

« Il a vu ça de ses propres yeux ? »

« En effet. C'est arrivé à quelques pas de sa tente. »

« Comment est-ce arrivé ? Te l'a-t-il dit ? »

Le jeune approuva de la tête et inhala profondément.

« Il a dit que Jésus et ses disciples avaient déjà dépassé la barrière à péage quand l'aveugle s'est mis à crier après lui : Fils de David, aie pitié de moi ! »

Zachée pâlit.

« Il a dit : Fils de David ? »

« Oui. Et quand Jésus entendit cela, il se tourna et revint sur ses pas jusqu'à l'endroit où se tenait l'aveugle et lui demanda ce qu'il pouvait faire pour lui; l'homme demanda s'il pourrait recouvrer l'usage de sa vue et Jésus répliqua : Reçois ta vue : ta foi t'a sauvé. »

« Et ensuite, qu'est-ce qui est arrivé ? » demanda Zachée, se penchant anxieusement en avant.

Le jeune homme haussa les épaules et sourit.

« L'aveugle bondit sur ses pieds et cria à tous ceux qui étaient présents qu'il pouvait maintenant voir et quand Jésus et les siens continuèrent leur route, il se se dépêcha de les rejoindre. »

Zachée se regarda fixement les mains jusqu'à ce que je rompe le silence.

« Qui est ce Jésus, maître ? »

« N'as-tu pas entendu, Joseph ? C'est le jeune homme de Nazareth qui a tiré de la mort le dénommé Lazare, dans le voisinage de Béthanie, il y a quelques mois. »

« Un magicien ? »

Zachée me regarda de façon étrange.

« Non, je ne pense pas. Où est-il maintenant ? »

« Lui et les siens, de même que l'aveugle guéri, s'en viennent par ici. Ils sont sur le chemin de Jéricho. Je les ai dépassés dans ma course pour vous annoncer la nouvelle. Ils devraient être en ville d'ici une heure. »

« Merci, Aaron ; et remercie ton père. Dis-lui que j'ai dit qu'il avait un fils formidable. »

Après le départ du jeune homme, Zachée commença à arpenter son bureau, les mains derrière le dos, la tête penchée. J'observai le silence, ayant noté qu'il avait été dans un état semblable des centaines de fois dans le passé, habituellement quand il essayait de résoudre un problème difficile dans nos affaires. Il avait toujours prétendu qu'il pouvait penser plus clairement en marchant ou en faisant un exercice physique quelconque plutôt qu'en s'asseyant sur son postérieur. Maintenant, je revoyais dans ses pas un ressort longtemps familier que je ne voyais plus depuis plusieurs années. Même ses yeux brillaient et son visage semblait avoir perdu plusieurs de ses rides récemment acquises.

« Pourquoi me regardes-tu comme ça, Joseph ? »

« J . . . je . . . ne sais pas, maître. Je ne sais pas, excepté que vous me semblez différent, d'une certaine maniè-re. »

« As-tu un projet spécial pour cet après-midi ? »

« Il me reste trois étalages du voisinage à visiter. »

D'un signe de la main, il balaya mes paroles.

« Tu feras ça demain. Allons-y, toi et moi, sur la rue, et trouvons-nous un endroit ombragé sous un arbre où nous attendrons le passage de ce Jésus. J'aimerais voir quelle sorte d'homme peut guérir les aveugles et faire que les morts reviennent à la vie. »

« Un homme? Zachée, un homme est incapable de faire ça. C'est soit un charlatan qui utilise des complices pour tromper le peuple ou . . . ou alors. . . »

Le maître se tenait immobile, attendant que je finisse la phrase. Je n'y arrivais pas.

« Viens-t'en, Joseph, sourit-il. Soyons nos propres témoins ! »

CHAPITRE 7

Les grands-routes des caravanes vers la Syrie, au nord, et l'Arabie, vers l'est, se rencontrent dans la banlieue Est de Jéricho avant de couper à travers le coeur de la cité, une route large qui se change en pierre, pavée de façon experte par les Romains. À la limite ouest, la rue principale redevient alors en terre avant de commencer son ascension tortueuse vers Jérusalem, à au moins six heures de marche.

Quand Zachée et moi sommes arrivés à la principale voie de pénétration dans la ville, ça grouillait de monde. De longues caravanes commerciales, une vue bien ordinaire, comme elles passaient sur la grand-route occupée, étaient accompagnées de grandes foules de pèlerins du Pirée et de Galilée se dirigeant vers la Ville Sainte pour la Pâque. Et maintenant, en autant que je me souvienne, il y avait des foules s'alignant de chaque côté du pavé, regardant vers l'est en expectative.

Zachée s'arrêta près d'un homme et d'une femme. Dans les bras de la femme, une petite fille dormait.

« Pourquoi attendez-vous ici ? » demanda-t-il.

La femme serra son enfant sur sa poitrine et recula devant Zachée qu'elle avait évidemment reconnu, mais l'homme lui répondit immédiatement.

« Nous attendons le faiseur de miracles, monsieur, un homme appelé Jésus de Nazareth. Ils disent qu'il est certain qu'il va passer par ici bientôt, car il monte à Jérusalem pour la Pâque. Notre fille est infirme depuis sa naissance. Elle ne peut même pas se tenir par elle-même. Peut-être qu'en la bénissant, Jésus va la guérir, si nous sommes assez chanceux pour attirer son attention. Mais il y en a tant. . . »

Zachée mit la main dans sa tunique et plaça quelque chose dans la main de la jeune maman.

« Pour la petite », dit-il, tapotant le bras de la femme.

Je n'avais pas besoin de demander ce qu'il avait fait. L'un de mes devoirs était de garder bien remplie de pièces de monnaie d'or la petite bourse qu'il transportait sur sa personne.

Aussi loin qu'on pouvait voir, il y avait de chaque côté de l'artère une ligne large d'au moins trois personnes dans les deux directions, et nous n'avions aucun intérêt à nous chercher un meilleur endroit dans la chaleur suffocante. Nous fîmes halte sous un vieux sycomore dont les branches pleines de noeuds s'étendaient au-dessus de la route et nous donnait une ombre bienvenue comme nous nous mêlions au rassemblement bruyant qui commençait, dans son impatience, à lancer des sarcasmes et des insultes à chaque famille de pèlerins ruraux qui passait, en route pour Jérusalem.

« Pourquoi font-ils ça ? soupira Zachée, secouant la tête de colère. Pourquoi continuons-nous d'élever des petits esprits qui ne peuvent trouver de récompense pour leurs propres échecs que de rabaisser les talents des autres et s'en moquer, même pour leur habillement ? Quand est-ce que chacun va réaliser que nous sommes tous égaux aux yeux de Dieu ? »

« Une foule n'a aucune intelligence, Zachée. Collectivement, ils sont capables de commettre des actes vils qu'ils n'oseraient jamais tenter en tant qu'individus. »

« Oui, je sais. Je me demande comment ils vont traiter Jésus. »

Sur la route, vers l'est, nous avons bientôt entendu des cris qui se changèrent graduellement en acclamations étourdissantes. Près de nous, lentement, la foule commença à devenir houleuse dans la rue. Tout près, une femme qui tirait un jeune garçon par les mains commença à lancer des cris perçants alors que les mots « Il s'en vient ! » se répandaient rapidement le long de la route. Je me hissai sur le bout des orteils pour avoir une vue plus claire, maintenant pris dans la ferveur de la foule pour un homme dont je ne connaissais l'existence que depuis le matin.

Zachée commença à tirer sur ma tunique.

« Peux-tu le voir, Joseph ? Est-il déjà apparu ? »

À cause de sa petite taille, le maître ne pouvait voir que le dos de ceux qui se tenaient en avant de lui et je savais bien qu'il ne prendrait jamais avantage de son autorité pour se faire une place au premier rang. Tout ce que je pouvais faire était d'essayer d'être ses yeux.

« Oui, oui, criai-je au-dessus de la clameur publique. Maintenant, je peux le voir ! Il est peut-être à cent pas, marchant en tête d'un grand groupe, souriant et saluant les gens de la main. »

« De quoi a-t-il l'air ? Dis-moi vite ! »

« Grand, plus grand que la plupart des autres. Ses cheveux brun foncé tombent librement sur ses épaules. Il a une barbe. Il marche la tête haute. Il porte une robe blanche et sur ses épaules, même par cette chaleur, il a une tunique rouge. Maintenant, il est peut-être à cinquante pas. Une jeune fille vient juste de s'échapper de la foule à la course pour lui donner une fleur. Maintenant, c'est une femme qui tient son enfant sur sa tête et lui lance des cris. Il continue d'envoyer la main et de sourire, mais il continue son chemin sans faire de pause... »

Je me tournai et cherchai... Le tiraillement sur ma tunique avait cessé et Zachée avait disparu ! Deux hommes montraient quelqu'un du doigt et riaient. Je levai les yeux et je vis Zachée ! Il grimpait au sycomore ombreux, de plus en plus haut, et se déplaçait sur une grosse branche basse jusqu'à ce qu'il se tienne directement au-dessus du groupe qui approchait. J'étais trop choqué pour lui crier et, je dois l'avouer, plus qu'embarrassé devant cet acte cinglé pour un homme de son âge et de sa position. Je reportai mon attention sur Jésus, juste comme il passait devant moi. Il paraissait plus jeune que je ne l'avais d'abord cru et comme il se tourna dans ma direction, je pouvais voir que son visage et son cou étaient écorchés par le soleil; ses yeux étaient enflammés.

Jésus passa sous la branche basse du sycomore et continua durant une dizaine de pas avant de s'arrêter; il se tourna, leva les yeux et clignota des yeux devant la vue peu commune d'un vieil homme se balançant précairement dans un arbre. La foule se tut. Jésus pointa le personnage au-dessus de sa tête et dit, d'une voix que tous purent comprendre :

« Zachée, dépêche-toi de descendre de là parce qu'aujourd'hui, je dois séjourner dans ta maison. »

J'avais la gorge serrée en les voyant, à travers des larmes incontrôlables, alors que mon maître qui était descendu de son perchoir, boita dans la rue, avec ses petites jambes, et se porta les bras tendus vers le jeune prêcheur pour l'embrasser.

Il y avait bien ceux qui se demandaient pourquoi Jésus avait choisi de se reposer dans la maison d'un publicain, « un pécheur », murmuraient certains entre eux, et d'autres étaient mystifiés, incluant moi-même, quant à savoir comment il se faisait que Jésus savait son nom. La plupart des gens, toutefois, clamaient alors que Zachée et Jésus partirent ensemble après me l'avoir présenté, et que ses disciples se dispersèrent dans des maisons d'amis.

À mon grand regret, il m'était impossible de rester avec les deux hommes; à mon retour au palais, un messager m'attendait, m'informant que la caravane de Malthus était arrivée d'Éthiopie deux jours en avance sur son horaire, et il était déjà en train de décharger la marchandise à notre entrepôt, exigeant ma présence jusque tard dans la nuit.

Le lendemain matin, Jésus était parti bien avant que je ne sois levé.

Même si Shemer me dit que les deux amis avaient passé de longues heures ensemble, dans la fraîcheur de l'atrium, Zachée se montra avare de ce qui avait transpiré entre eux et je ne m'en suis jamais informé, me disant que si jamais il avait voulu que je sache, il m'en aurait parlé. Qu'il me suffise de dire qu'il y avait une tranquillité calme et paisible dans ses manières, suivant la visite de Jésus, quelque chose que je n'avais plus jamais vu depuis ses premières années de bonheur conjugal.

Ça me fait de la peine de dire que sa sérénité fut de courte durée et c'est moi qui l'ai fait voler en éclats. Un matin, je m'étais rendu de bonne heure à l'entrepôt pour surveiller le chargement d'un gros achat de figues vertes destiné à Damas, quand le centurion

Marcus Crispus me mit au courant de nouvelles choquantes. Je me hâtai vers le palais et trouvai Zachée en train de finir son petit déjeuner.

Comme j'entrai dans la salle à manger, son sourire de bienvenue s'est vite affadi.

« Quelque chose ne va pas », annonça-t-il avant que j'ouvre la bouche.

J'approuvai gauchement de la tête, incapable de trouver les mots pour lui dire les faits.

« Vas-y, Joseph, dit-il. Au moins, je ne l'entendrai pas avec l'estomac vide. »

J'inhalai profondément.

« Jésus est mort ! »

« Quoi ? »

« Jésus est mort ! » répétai-je.

« Comment ? » demanda-t-il doucement.

« Crucifié pour sédition contre Rome. »

« Ponce Pilate ? »

« Oui, avec l'assistance du grand prêtre qui proclamait que Jésus n'était rien d'autre qu'un faux messie, un séducteur du peuple. »

Zachée s'empoigna la poitrine et se ferma les yeux. Je pouvais voir trembler ses lèvres. Je traversai de son côté de la table et plaçai ma main sur son cou. Ensuite, je l'entendis dire :

« Est-ce tout ce que tu as à me dire ? »

« Est-ce tout ? Tout ? N'est-ce pas plus qu'il ne faut ? »

Ses yeux s'ouvrirent, maintenant encadrés de rides que je reconnus être le commencement d'un sourire. Pourquoi souriait-il ? Il me caressa la main comme pour me consoler et me dit :

« Le tombeau où son corps fut déposé, on va le trouver vide. »

« Vide ? Qu'est-ce que tu veux dire ? »

« Ils vont le trouver vide », répéta-t-il, comme dans un soupir.

« Comment sais-tu ça ? »

Il me caressa encore la main.

« Jésus me l'a dit, il y a seulement deux semaines lorsque nous étions assis ensemble, dehors, dans l'atrium. »

CHAPITRE 8

Moins d'une heure après qu'il eut appris la nouvelle concernant Jésus, Zachée avait dépêché un coureur à Ponce Pilate, à Jérusalem, portant sa lettre de démission comme chef des publicains. Il dicta son message que je transcrivis sur parchemin pour sa signature, informant courtoisement le procurateur qu'à partir de maintenant, il ne servirait plus jamais Rome sous aucune qualité et sous aucune considération.

Ayant complété ma tâche, je me préparai à quitter la salle à manger, car le calendrier de ma journée était excessivement chargé.

« Ce n'est pas fini, Joseph, me dit-il. Il nous reste beaucoup de choses à régler avant le coucher du soleil. »

Je commençai à expliquer que j'étais déjà en retard pour mes autres travaux, croyant qu'il comprendrait, mais sa voix avait une fermeté inhabituelle qui me ramena à mon siège.

Il s'assit en face de moi, empoignant occasionnellement la tunique qui lui recouvrait la poitrine et tressaillant de douleur. Même sa respiration semblait lui demander un grand effort.

« Es-tu malade, Zachée ? As-tu mal ? »

Il essaya de sourire. . .

« Mon vieux coeur, dit-il d'une voix rauque, me rappelle qu'il a dépassé ses années utiles, tout comme moi-même, d'ailleurs. »

« J'envoie Shemer chercher un médecin ? »

« Non, non, nous avons trop à faire. Maintenant, écoute-moi bien, Joseph. Comme tu sais, j'ai toujours maintenu que mes actifs les plus valables sont les gens employés dans mes magasins, mes étalages et mes fermes. On doit tous les avertir qu'à partir d'aujourd'hui, ils ne travaillent plus pour moi, mais pour eux-mêmes. Dis aux commis de rédiger immédiatement les papiers nécessaires transférant le titre à chaque fermier, chaque magasinier et à ceux qui, par leur travail diligent, ont tellement contribué au succès de l'entreprise. »

Je suis sûr d'avoir fait un fou de moi, bondissant et criant :

« Tu donnes tout ? Plus de cinquante ans du travail de toute ta vie. . . ! »

Zachée a attendu patiemment, tant que je ne me suis pas rassis.

« Je ne donne rien. Chacun de ceux qui reçoivent ma propriété doivent payer un prix. Un sou est suffisant, je crois, dit-il en souriant, pour rendre la transaction légale. Et ce palais, nous le garderons, toi et moi et Shemer, comme maison pour le reste de nos jours. C'est trop grand pour nos simples nécessités, mais j'ai peur que nous ne soyons trop ancrés dans nos habitudes pour transplanter nos racines ailleurs. »

« Pourquoi, Zachée ? Pourquoi fais-tu ça ? »

« Pourquoi pas ? Je n'ai aucun héritier et toi non plus. Pourquoi ne ferions-nous pas l'expérience de ce grand bonheur de donner de la joie à tant de gens qui le méritent alors que nous vivons encore ? Et de combien de terre chacun de nous aura-t-il besoin quand nous allons fermer les yeux pour la dernière fois ? »

« Mais toi et moi avons encore plusieurs bonnes années. . . »

« Joseph, on devrait toujours se retirer au sommet de la réussite plutôt que d'attendre que le monde commence à regarder nos efforts avec sympathie. Maintenant, il y a quelque chose de plus. Combien reste-t-il d'argent dans le trésor ? »

« C. . .c. . .combien ? J'estimerais ça à au moins un demi-million de dinars. »

Zachée se caressa l'échine, les yeux mi-clos.

« À nous trois, nous avons de quoi bien vivre pour vingt ans ou même plus, avec cinquante mille dinars ; ne serais-tu pas d'accord, Joseph ? »

« Facilement, oui. »

« Et un autre cent mille paierait les dépenses de la fête des enfants pour plusieurs années et verrait aussi à ce que les murs de la cité demeurent propres et blancs, n'es-tu pas d'accord ? »

Ça avait peu de sens de me mettre à argumenter avec lui.

« Oui, monsieur ! »

« Très bien ! Vends tous les biens de l'entrepôt, mais seulement pour des pièces d'argent. Ensuite, prends ce revenu, plus tout ce qui se trouve dans notre trésor, excepté cent cinquante mille dinars, et vois à ce que ce soit distribué aux pauvres de Jéricho. »

Ça dépassait ce que je pouvais endurer. Je me cachai le visage dans les mains et essayai de me faire une idée de ce qui nous arrivait.

« Tu veux que je donne six cent mille dinars en argent — six cent mille dinars en argent sonnant aux pauvres ? »

« Également répartis. »

« Tu vas les rendre tous riches. »

« Pour combien de temps ? Une semaine, un mois ? Et pourquoi pas ? Tous et chacun devraient être riches, même si ce n'est que pour une journée, de sorte que chacun puisse réaliser que le fait d'être riche n'est pas la condition que la plupart croient qu'elle est. Et comme pour la terre, Joseph, nous aurons peu besoin de tout cet argent quand nous cesserons de respirer. Réjouissons-nous donc des visages souriants d'autant d'enfants de Dieu que nous pouvons, alors que nous sommes encore capables de les voir. »

Les dix jours suivants furent les plus occupés de toute ma vie. Notre entrepôt fut finalement vidé de ses biens et produits; des contrats de vente furent livrés aux nouveaux et heureux propriétaires de chaque ferme, magasin et étalage sur le bord de la route et vingt-trois pièces d'argent furent distribuées à chaque famille pauvre dans la cité.

« C'est fini, annonçai-je finalement à Zachée, pendant un repas du soir. Excepté pour cette maison, notre entrepôt vide et l'argent que tu m'as demandé de mettre de côté, nous nous sommes défaits de tous nos actifs. »

« Est-ce que cela nous fait nous sentir inconfortables, Joseph ? »

« Pas inconfortable, maître, mais triste. Mon travail va me manquer... de même que mes soucis, mes responsabilités, ma routine quotidienne. Je ne me sens plus nécessaire ou utile et je n'ose pas penser comment il me sera possible de remplir mes jours. »

Il fit un signe de tête.

« Je comprends et je partage tes sentiments. Comme il est regrettable que l'homme devienne un tel esclave de ses occupations ou de sa carrière qu'il oublie qu'il fut créé pour jouir de ce monde magnifique; il devient vite aveugle devant les miracles de la nature qui se produisent chaque jour à ses yeux. Quand as-tu vu un coucher de soleil la dernière fois ? »

« Je ne peux même pas m'en souvenir. »

« Viens, montons sur le toit pour jouir du soleil quand il disparaît derrière les collines brunes, un luxe que les hommes riches et les hommes occupés n'ont jamais le temps de s'offrir. »

Après ça, nous nous sommes tous deux retirés à nos chambres respectives, mais j'étais incapable de dormir. Malgré les paroles consolatrices du maître, j'étais sûr que nos deux vies deviendraient ni plus ni moins que des jours sans fin, des jours de monotonie passés à compter les olives sur le vieil arbre dans l'atrium ou à étudier la formation des nuages paradant sur nos têtes.

Comme j'avais tort. . .

CHAPITRE 9

De bonne heure, un matin, je fus éveillé d'un sommeil difficile par la voix de Zachée m'appelant par mon nom, encore et encore. C'était un comportement tellement inhabituel pour quelqu'un qui s'était toujours baigné et habillé, avait pris son déjeuner et terminé une promenade bien avant que je ne me sois tiré de mon lit, que ses grands cris me surprenaient. Encore plus endormi qu'éveillé, je me dépêchai, tout nu, à travers le hall, vers ses quartiers.

À ma grande surprise, le maître était assis dans son lit. Il étouffa un rire en pointant ma nudité et dit :

« Joseph, regarde-toi donc ! Deviens-tu plus oublieux en vieillissant ou est-ce seulement le souci de mon bien-être qui te fait oublier une vie entière de timidité ? »

Je ne sus quoi dire. Il vint au pied du lit et me tendit sa robe.

« Enveloppe-toi de ça avant que la fraîcheur du matin ne s'introduise dans tes vieux os. »

Je fis ce qu'il disait, luttant pour éclaircir ma tête pleine de sommeil alors que je m'assoyais sur le bord de son lit.

« Ami de confiance, toi et moi sommes des survivants. Nous avons enduré à la fois l'insuccès et le succès et nous n'avons permis à personne de nous accabler. »

« Oui, maître », répliquai-je, me penchant hardiment en avant pour toucher son front et m'assurer qu'une fièvre brûlante n'était pas la cause de cet étrange appel très matinal. Sa peau était tiède au toucher.

« Écoute-moi bien, comptable fidèle, continua-t-il, ignorant mon geste. Quand je me suis éveillé, avant le lever du soleil, j'étais incapable de sortir de mon lit. Je suis resté ici jusqu'à maintenant non parce que mes jambes chétives ont refusé de suivre mon ordre, mais parce que mon esprit s'est rempli d'un rêve que je viens tout juste de finir. »

« Dans ce rêve, je n'ai vu rien des formes, figures ou visages qu'on rencontre habituellement dans ces transports du sommeil. Plutôt, je pouvais percevoir un feu brillant, comme s'il venait d'une étoile géante, et j'entendis une voix tonnante : Zachée, Zachée, tu t'es retiré de tes obligations trop vite. Ton travail n'est pas encore complété ici, sur terre. Lève-toi du lit où tu as pitié de toi-même ! Va, avec ton ami Joseph, et occupe-toi de ceux qui attendent en face de la porte de ta maison ! »

« Je ne comprends pas les rêves et leurs symboles, maître. Qu'est-ce que ça veut dire ? »

Zachée haussa les épaules :

« Qui peut dire ? Notre entrepôt est maintenant vide; nos magasins et nos fermes sont dans les mains de ceux qui étaient mes employés les plus loyaux et compétents. Les caravanes des quatre coins de l'horizon ne déchargent plus leurs marchandises sur nos quais et les marchands qui attachaient leurs chameaux au-delà de nos murs pour attendre que je les reçoive demandent déjà l'aide ailleurs. Plus encore, toute ma richesse a déjà été distribuée parmi les pauvres et je sais très bien que des rumeurs s'échappent déjà de bouche à oreille, en ville, que le vieux publicain doit être près de la mort. Qui donc, Joseph, serait assez fou pour se tenir dehors, dans notre cour solitaire ? . . . et dans quel but ? »

« Je ne sais pas, Zachée. »

« Et qu'est-ce que cette voix étrange veut dire, dans mon rêve, quand elle dit que je n'ai pas encore complété mon travail ici, sur terre ? Toi, mieux que quiconque tu sais ce que j'ai accompli. J'ai rempli chaque but de ma vie, sauf la perte de mes bien-aimés; ce qui échappait à mon contrôle. Je suis en paix avec moi-même et avec le le monde, attendant maintenant de me départir seulement de ma dernière propriété de valeur. »

« Ta dernière propriété. . . ? »

« Mon dernier souffle », sourit-il.

Zachée se leva avec raideur de son matelas, plaça ses pieds dans des sandales et lia les lacets à la hâte. Ensuite, il mit une tunique légère, fit un faux pas et se dirigea vers la porte. La canne récemment adoptée était dans un coin et je la lui ai offerte, mais il la refusa.

« Viens, Joseph, voyons si mon rêve me dit la vérité. Découvrons si les vents chauds du désert ont déposé sur notre seuil de porte autre chose que du sable blanc et des mauvaises herbes séchées. »

À la fin, nous nous tenions devant la porte de bronze massif coulée d'après des dessins tracés par Léa, il y a longtemps, avant même qu'ils n'emménagent dans le palais.

« Ouvre-la, Joseph, ordonna-t-il. Ne gardons pas un rêve en suspens. »

Je saisis le lourd bouton. D'abord, la porte résista à mes efforts. Ensuite, elle tourna lentement alors que les pentures grinçaient. Je penchai mon vieux corps contre le dessin floral d'ornementation et poussai de toutes mes forces.

La porte s'ouvrit toute grande.

Sur le seuil de la porte, nous attendîmes, incertains, jusqu'à ce que nos yeux deviennent habitués au soleil éclatant.

« Regarde ! s'exclama Zachée. Regarde ! »

Je vis de l'ombre à mes yeux et suivis la direction de sa main. Il y a plusieurs années, pour mieux servir la parade sans fin des caravanes à notre entrepôt, Zachée avait engagé de nombreux indigents mâles de la cité, leur avait payé de bons salaires et avait construit une route pavée, large de quarante coudées, de la voie principale de pénétration dans la ville, directement jusqu'au palais et à l'entrepôt, qui étaient situés au nord de la grand-route. Cette route était maintenant engorgée de gens, marchant tous dans notre direction, et leurs rangs s'étendaient au-delà de ma vision, bien loin dans la cité !

« Où peuvent-ils bien aller, maître ? »

Il étouffa un rire.

« La route finit ici, Joseph. »

« Mais pourquoi viennent-ils ? Nous leur avons déjà distribué une fortune. Il ne reste plus rien à donner. »

Zachée haussa les épaules et marcha vers la balustrade de marbre élevée près du large escalier qui descendait dans la cour.

« Est-ce que l'expérience ne t'a pas enseigné, mon ami, à ne jamais te faire de soucis au sujet de l'inévitable ? Quoiqu'ils cherchent, nous le saurons bien assez vite. »

Comme un serpent géant multicolore, la masse fit lentement son chemin jusqu'à être assez près de nous pour que nous l'entendions. Plus qu'autre chose, elle m'apparaissait comme une nuée de sauterelles descendant sur un champ de coton.

« As-tu peur, Joseph ? »

« Et toi ? Rentrons donc pendant qu'il en est encore temps, et verrouillons notre porte. Là, nous serons au moins en sécurité. »

Je me tournai, espérant qu'il me suivrait. À la place, il me prit par la tunique et me tira gentiment à son côté.

« Joseph, ne t'ai-je pas enseigné que le secret pour tenir tête à une situation de la vie qui menace de vous écraser et de vous vaincre, c'est de ne pas lâcher pied. »

Je secouai la tête, interdit.

« Je n'ai jamais eu besoin d'une telle connaissance. Pendant toutes les années de mon service, quelle que soit l'occasion où un risque se présentait, je t'apportais le problème et tu le résolvais. »

« En ma défaveur. Nos traits et nos caractéristiques les plus fins peuvent s'affaiblir de la même façon que nos muscles, quand ils ne sont pas utilisés constamment. Quand je médite sur mon passé, je réalise quelle épave je fus dans un si grand nombre de mes responsabilités pour ceux que je dirigeais, conduisant toujours avec une main tellement ferme que beaucoup de leur autodétermination et de leur initiative se perdirent graduellement. Je sais que j'ai finalement réussi à vous convaincre tous que c'est un monde rempli d'opportunités et que Dieu nourrit chaque oiseau, mais j'ai peur de ne pas vous avoir avertis, toi et les autres, que Dieu ne lancera pas la nourriture dans votre nid ! »

« Je ne comprends pas ! »

« Joseph . . . à mon âge avancé, j'en suis finalement venu à réaliser comme j'ai été fou, et combien de mon précieux temps j'ai perdu à sangloter sur mon sort, à cause de ce corps laid, plutôt que d'être fier et reconnaissant pour tout ce que j'ai fini par accomplir avec ce que j'avais. Comme tellement d'autres, je me suis permis d'être aveuglé par l'envie et la pitié envers moi-même sans jamais penser à compter mes bénédictions.

« Je suis maintenant convaincu, continua-t-il, que la vie n'est qu'un jeu, ici sur terre, un jeu où personne n'a besoin d'être perdant, quel que soit son état ou sa condition. Je crois que *chacun* peut bénéficier des fruits de la victoire, mais je suis également certain que comme dans tous les autres jeux, on ne peut participer à cet acte mystérieux qu'est la vie avec l'espoir de la satisfaction à moins de comprendre quelques règles simples. »

« Des règles ? Des règles de vie ? Je connais nos *Dix commandements*, bien sûr, et j'ai entendu parler des

Douze tables de la loi romaine, et aussi le code de ce roi babylonien, Hammurabi, mais jamais je n'avais entendu parler des règles de vie, même de ta part. Par qui furent-elles formulées et quelles sont-elles ? »

La foule avait maintenant atteint notre grille et pénétrait maintenant dans notre cour. Je frémis à leur vue : des fermiers, des bergers, des pêcheurs, des charpentiers, des gens de la rue, des humains de tous les âges, des mères nourrissant leur enfant emmailloté dans leurs vêtements noirs faits main, des infirmes sur le dos de jeunes hommes habillés seulement d'attelages de cuir, des enfants nus et sales, courant bruyamment, entre les jambes de leurs aînés, des aveugles conduits par la main ou amenés dans des chariots, des prostituées derrière leur maquillage abusif, de jeunes couples à l'air affamé et désespéré, se tenant la main. C'était comme si tout ce qu'il y avait de pauvres, d'infortunés et d'inadaptés dans Jéricho s'étaient assemblés pour chercher un refuge collectif à notre porte.

« Salut à notre bienfaiteur, salut à notre bienfaiteur ! » crièrent-ils.

« Les entends-tu ? criai-je dans les oreilles du maître. Ils cherchent encore plus d'aumônes ! Dis-leur que tu n'as plus rien à donner et renvoie-les chez eux ! »

« Je ne peux pas faire ça, Joseph. Ils sont tous mes frères et soeurs. Ils sont également tes frères et soeurs, tous tant qu'ils sont. »

« Je n'ai ni frères ni soeurs, criai-je. Renvoie-les à leur misère avant qu'ils ne nous envahissent et ne nous enlèvent le peu qu'il nous reste. Ils seraient assez nombreux pour constituer une armée, au moins dix mille, et nous ne sommes que deux vieillards. »

Zachée m'ignora et leva les deux mains, les doigts étendus vers la foule. Soudainement, il se fit un grand silence, même parmi les enfants.

« Qu'est-ce que vous voulez de moi ? »

De notre poste d'observation, à plusieurs coudées au-dessus de la cour, nous les observions alors que des milliers de têtes se tournaient à gauche et à droite dans une consternation nerveuse. Personne, semblait-il, n'avait le courage de répliquer.

Zachée attendit patiemment. Ensuite, il demanda :

« Pourquoi êtes-vous venus ici, aujourd'hui ? »

Encore une fois, ce fut le silence, pour je ne sais combien de temps, avant que la foule ne s'écarte; nous pûmes discerner un homme s'approchant, cheveux et barbe blancs, habillé d'une robe bleu foncé et portant un gros bâton pour s'y appuyer.

Zachée fut le premier à le reconnaître.

« C'est Ben-hadad ! »

Ben-hadad était sans contredit son patriarche préféré. Pour aussi longtemps que je puisse me souvenir, même dans le temps où nous nous débattions pour survivre, on pouvait toujours le trouver, du matin au soir, à l'entrée ombragée du bazar où son fils exposait et vendait des ballots de tissus riches et colorés connus sous le nom de Damas. Au fil des années, Benhadad était devenu un point de repère comme les aqueducs et les portes de la cité, accroupi sur sa carpette, jour après jour, les yeux mi-clos, observant le monde et les saisons passer devant lui. À maintes occasions, il y a de ça longtemps, le peuple l'avait choisi pour intercéder en sa faveur auprès du légat romain à Antioche, spécialement quand les mercenaires de Rome abusaient des marchands locaux. Ses missions avaient toujours réussi.

Deux jeunes gens s'empressèrent d'offrir leur assistance au vénérable vieillard comme il commençait son escalade de toute évidence pénible des marches de marbre pourtant faciles à monter. Il leur parla brièvement, sans que nous puissions l'entendre, et ils retournèrent rapidement à leur place dans la foule.

Lentement, il monta vers nous, accompagné du frappement de son bâton sur la pierre comme il le plaçait sur chaque marche pour s'aider. La foule le regardait en attendant calmement.

CHAPITRE 10

« Salut ! » dit Ben-hadad, élevant son bâton vers nous deux.

« Bienvenue chez nous ! répliqua Zachée. Il y a déjà longtemps que j'avais abandonné tout espoir de vous voir un jour accepter mes innombrables invitations à dîner avec nous. Et maintenant voilà, vieil ami, quand j'ai peu à offrir, vous emmenez plus d'invités que je n'en puis accommoder. »

Ben-hadad sourit et s'essuya le front humide de ses doigts fins.

« Nous ne sommes pas venus pour de la nourriture, monsieur. Du moins pas de la sorte que nous mangeons par la bouche. »

« Je te l'avais bien dit; ils veulent quelque chose. »

La foule s'approcha des marches, essayant d'entendre, se pressant tellement les uns sur les autres que pas une seule pierre de la cour n'était visible.

« C'est un grand plaisir et un grand honneur de vous voir enfin ici, Ben-hadad, quelle que soit la raison de votre venue. »

Les deux s'embrassèrent. Ensuite, Ben-hadad recula et parla lentement d'une voix forte pour le bénéfice de la foule.

« Zachée, votre nom et votre succès sont connus par tout le pays et même d'une mer à l'autre. Cependant, nous, les citoyens de Jéricho, nous vous tenons dans la plus haute estime, non à cause de votre renommée mondiale, mais pour l'aide que vous nous avez procurée pendant tellement d'années. La charité est sans contredit de l'amour en action et nous avons été assez heureux de jouir de la chaleur de votre amour pour un demi-siècle. »

Je m'approchai du maître, mais je ne trouvai pas le courage de lui donner un coup de coude d'avertissement. Ben-hadad continua :

« Mourir et laisser sa richesse pour qu'on la distribue est la quintessence de l'égoïsme que s'accordent habituellement les gens en moyens qui n'ont même pas donné un sou de toute leur vie. Ceci n'a évidemment jamais été votre désir, Zachée, comme on a pu s'en rendre compte par vos dons innombrables aux indigents et aux démunis. Non seulement vous avez partagé votre or et votre argent, mais aussi vous-même. C'est toujours difficile d'être charitable avec sagesse. Le fait de donner des aumônes n'est rien à moins qu'on ne montre aussi de la considération et une poignée de bonté, qui valent souvent plus que leur poids en or. »

Zachée pencha la tête, incapable comme toujours de répondre à une telle louange.

« Nous ne sommes riches qu'à travers ce que nous donnons et nous ne sommes pauvres qu'à travers ce que nous gardons. »

« Alors, en vérité, vous êtes le plus riche de tous les hommes ! »

« Vous vous en faites trop avec mes maigres efforts, protesta Zachée. Il y en a beaucoup, ici, aujourd'hui, qui ont donné plus. Chaque bonne action est un acte de charité. Mais voulez-vous bien me dire, monsieur, avant que la curiosité ne m'accable, ce qui vous amène, vous et une si grande partie du peuple de la ville, jusqu'à notre porte ? »

Ben-hadad se tourna et leva son bâton vers la vaste foule, attendant jusqu'à ce qu'il obtienne le silence.

« Zachée, on a dit que si vous voulez planter pour des jours, il faut planter des fleurs. Si vous voulez planter pour des années, plantez des arbres. Si vous voulez planter pour l'éternité, plantez des idées. Ces gens sont ici aujourd'hui pour vous implorer d'implanter en eux les secrets du succès qui vous ont rendu capable d'atteindre le sommet de la montagne dans le cours d'une même vie. On connaît l'histoire de votre carrière, continua-t-il. Nous savons que votre mère et votre père, vous les avez perdus tous deux dans votre jeune âge et comment votre vie en est devenue difficile, de travailler à longueur de jour dans les champs alors que les autres enfants allaient à l'école. Pour semer espoir et ambition chez leurs jeunes enfants, les parents leur disent maintenant, autour de leurs feux de nuit, comment vous avez été capable de surmonter tous ces handicaps et plus, incluant les infirmités de votre corps, pour devenir *LE PLUS GRAND SUCCÈS DU MONDE.* Mais, on m'informe qu'ils n'arrivent pas à faire passer le message à leurs enfants, parce qu'ils ne savent pas quoi leur dire ! »

Je retins ma respiration. Je suis sûr que Zachée a fait de même.

Ben-hadad frappa le bout de son bâton contre les carreaux de marbre, encore et encore.

« Ce qu'ils ne peuvent pas dire à leurs enfants, monsieur, c'est *comment* vous avez fait pour accomplir tant de choses! Vous, un orphelin sans éducation, aussi pauvre qu'il est possible de l'être, et physiquement déformé; que de moqueries n'avez-vous pas essuyées. Si jamais un individu fut destiné à une vie de misère et de pauvreté, comme le dernier des mendiants, c'était bien vous. Comment, Zachée, vous y êtes-vous pris pour accomplir tellement de choses dans votre vie, alors que les autres, comblés par Dieu de bonne santé, de bonne éducation et de sages conseils de leurs aînés, sont des ratés ? Comment se fait-il que tant de gens, avec un potentiel tellement plus prometteur de succès et de richesse que vous, vivent chaque jour sans savoir quand les croûtes de leur prochain repas arriveront ? Y a-t-il des principes spéciaux que vous ayez suivis dans vos nombreuses entreprises profitables ? Existe-t-il des secrets de réussite connus seulement de quelques personnes ? Existe-t-il des lignes de conduite uniques ou des sentiers cachés qu'on peut suivre pour une meilleure vie et qui sont inconnus des masses qui se débattent si fort, quotidiennement, pour arriver à peine à survivre ? »

« Il existe des règles », soupira Zachée, comme à lui-même.

Ben-hadad releva la tête.

« Qu'avez-vous dit, monsieur ? »

« Des règles, répéta Zachée. Des règles de vie. » Il parla en hâte, comme si les mots avaient de la difficulté à se former dans sa gorge.

« Je ne comprends pas. »

« Je disais justement à Joseph, ce matin, que j'en suis venu à la conclusion que la vie n'est qu'un jeu, mais comme tous les jeux, on doit observer et appliquer certaines règles pour tirer profit du jeu. Bien plus, si nous suivons ces règles, nos chances de succès sont grandement multipliées. Toutefois, j'ai le regret de dire que la plupart des gens sont tellement occupés simplement à la lutte pour la survie qu'ils n'ont jamais la chance d'apprendre les quelques simples commandements nécessaires au succès — un succès, entre nous, qui n'a rien à voir avec la renommée ou l'or. »

Le patriarche s'approcha de son hôte :

« Je me considère moi-même comme un homme éduqué, Zachée; tout au long de ma vie, je n'ai jamais entendu parler de tels commandements. Où sont-ils donc écrits pour qu'on puisse en profiter ? »

« Ils ne sont écrits nulle part, Ben-hadad. »

« Mais vous les connaissez ? »

« La plupart, je crois, ardument appris à l'école de la vie. »

« Ce jeune prophète, Jésus, qu'on proclame maintenant ressuscité, vous a-t-il enseigné l'un ou l'autre de ces commandements quand il vous a rendu visite, avant d'être arrêté et exécuté ? »

Zachée sourit.

« Non, je les connaissais bien avant cela. Mais d'après la longue conversation que nous avons eue ensemble, je crois qu'il n'aurait été en désaccord avec aucun. »

Ben-hadad considéra attentivement mon maître.

« Je suis sûr que vous n'avez pas l'intention d'amener

un tel trésor inestimable avec vous dans la tombe, Zachée. Vous avez partagé tellement de vous-même avec nous pendant si longtemps, ne voudriez-vous pas partager également les commandements du succès ? Est-ce que chacun n'a pas droit à l'opportunité de changer sa vie pour le mieux ? »

Zachée ferma les yeux et resta sans bouger. Les gens commencèrent à murmurer entre eux jusqu'à ce qu'il ouvre finalement les yeux et approuve de la tête.

Quand les applaudissements cessèrent, il dit :

« Ça me prendra du temps pour organiser mes pensées avant de les transcrire sur un parchemin, avec l'aide de Joseph, mais je vais le faire. »

À ma surprise, Ben-hadad secoua la tête.

« Non, non, une seule copie sur parchemin de vos commandements du succès ne vont pas suffire. Vous voyez devant vous les milliers de gens qui ont besoin d'aide et de conseils. Est-ce que chacun d'entre eux ne pourrait pas avoir accès à vos paroles pour que chacun puisse les absorber dans son coeur, son intelligence et son âme en temps propice. »

« Pour en donner une copie à chacun dans la cité, ça prendrait de nombreuses années, ne puis-je m'empêcher de les interrompre, incapable de me contrôler moi-même. Vous suggérez l'impossible, Ben-hadad ! »

Zachée plaça sa main sur mon épaule et me tira vers lui.

« Te souviens-tu, Joseph, qu'il y a longtemps, je t'ai dit que rien n'est impossible à moins qu'on accepte qu'il en soit ainsi ? »

« Mais, protestai-je, comment peux-tu répandre tes paroles parmi une telle multitude de telle sorte qu'ils en bénéficient tous ? Cela n'est-il pas une impossibilité, même pour toi ? »

Zachée me caressa l'épaule comme pour me consoler et pointa les murs distants de la cité, éclatants de blancheur dans le soleil brillant du matin.

« Commençant dès cet après-midi, je vais te dicter ce qui, je crois, devrait être inclus dans *LES COMMANDEMENTS DU SUCCÈS*. Même si ce sont toutes de très simples vérités, ce sera quand même pour moi un processus long et pénible car, comme tu sais, c'est plus facile pour moi de faire des choses que de les dire... quoique, avec ton aide, nous y arriverons. Quand ils seront finalement corrigés et complétés à ma satisfaction, nous les ferons peindre en grosses lettres rouges sur les murs intérieurs, propres et blancs, de la cité, près de la porte Ouest, de sorte que le plus grand nombre possible puisse les voir chaque jour, s'ils le veulent. Et cela sera le dernier cadeau que je leur ferai, mon legs à tous ceux qui crient à l'aide, mon petit héritage au monde qui m'a donné tellement plus que je n'en méritais. »

« Ce sera une entreprise monumentale », soupirai-je.

« Mais ça en vaudrait la peine, dit-il, même si nous ne touchions qu'une vie. »

Et c'est ainsi que cinquante jours après sa promesse, les paroles de Zachée furent offertes au public sur le mur Ouest de Jéricho, dans la langue de l'homme de la rue, l'araméen, et de grandes foules vinrent chaque jour; même des caravanes vinrent de loin pour lire de leurs propres yeux et apprendre comment il leur était possible de transformer leurs jours de travail pénible en une vie d'accomplissement et de paix.

Quand je m'informai, en le taquinant, de la raison pour laquelle il n'avait écrit que neuf commandements, sa réponse fut brève :

« Parce que Dieu nous a donné dix commandements et il ne vaut pas la peine de prendre le moindre risque de tenter qui que ce soit d'être assez fou pour faire quelque comparaison que ce soit entre eux. L'obéissance aux dix commandements de Dieu, ajouta-t-il, nous fera entrer au ciel; l'obéissance aux neuf commandements du succès peut donner à n'importe qui un goût du ciel ici même, sur terre. »

CHAPITRE 11

Le premier commandement du succès

TRAVAILLE CHAQUE JOUR COMME SI TA VIE EN DÉPENDAIT.

Vous n'avez pas été créé pour une vie d'inutilité. Vous ne pouvez pas, du matin jusqu'au soir, manger ou boire, ou jouer, ou faire l'amour. Le travail n'est pas votre ennemi, mais votre ami. Si toute forme de travail vous était interdite, vous tomberiez à genoux et demanderiez à mourir au plus vite.

Vous n'avez pas besoin d'aimer ce que vous faites. Même les rois rêvent d'occupations différentes. Puisque vous devez travailler, c'est votre façon de travailler et non ce que vous faites qui détermine le cours de votre vie. Si un homme ne fait pas attention à ce qu'il fait avec son marteau, on ne lui demandera jamais de construire un palais.

Vous pouvez travailler à contrecoeur ou vous pouvez travailler de bon coeur; vous pouvez travailler comme un humain ou comme un animal. Qui plus est, il n'existe aucun travail si rude qui ne soit digne d'éloges, aucun travail si dégradant que vous ne puissiez y insuffler une âme; aucun travail si triste que vous ne puissiez lui donner vie.

Faites toujours ce qu'on vous a demandé et plus. Votre récompense viendra.

Sachez qu'il n'existe qu'une seule méthode sûre d'atteindre le succès, et c'est le travail rigoureux. Si vous ne voulez pas payer ce prix pour vous distinguer, soyez prêt à une vie de médiocrité et de pauvreté.

Ayez pitié de ceux qui abusent de vous et demandez-vous pourquoi vous donnez tellement en retour de si peu. Ceux qui donnent moins reçoivent encore moins.

Ne soyez jamais tenté de diminuer vos efforts, même si vous travaillez pour quelqu'un d'autre. Ça ne vous empêche pas d'être un succès que quelqu'un d'autre vous paie pour travailler plutôt que de travailler pour vous-même. Faites toujours de votre mieux. Ce que vous plantez maintenant, vous le récolterez plus tard.

Soyez reconnaissant pour vos tâches et tout ce que ça vous demande. Quelque désagréable que puisse paraître votre travail, si vous n'en aviez pas, vous ne pourriez jamais manger tant, ni y trouver tant de plaisir, ni dormir avec autant d'abandon, ni avoir une telle santé, ni profiter des sourires sécurisants de gratitude de ceux qui vous aiment pour ce que vous êtes et non pour ce que vous accomplissez.

CHAPITRE 12

Le deuxième commandement du succès

*TU DOIS APPRENDRE QUE C'EST PAR LA PATIENCE
QUE TU PEUX CONTRÔLER TA DESTINÉE.*

Sachez que plus votre patience est durable, plus votre récompense est certaine. Il n'existe aucune grande réalisation qui ne soit le résultat d'un travail patient et d'une attente patiente.

La vie n'est pas une course. Aucune route ne sera trop longue pour vous si vous avancez délibérément et sans hâte. Évitez comme la peste toute voiture qui s'arrête pour vous offrir un voyage rapide vers la richesse, la renommée et le pouvoir. La vie a des conditions tellement difficiles, même à son meilleur, que les tentations quand elles apparaissent, peuvent vous détruire. Marche! Tu en es capable !

La patience est aigre, mais son fruit est doux. Grâce à la patience, vous pourrez supporter n'importe quelle adversité et survivre à n'importe quelle défaite. Avec la patience, vous pourrez contrôler votre destinée et obtenir ce que vous voulez.

La patience est la clé du contentement, pour vous et pour ceux qui doivent vivre avec vous.

Réalisez que vous ne pouvez pas plus hâter le succès que les lys des champs ne peuvent fleurir avant leur saison. Quelle pyramide fut jamais construite autrement qu'une pierre à la fois ? Mais ce qu'ils peuvent être pauvres, ceux qui n'ont pas de patience! Quelle blessure s'est déjà guérie autrement que par degrés ?

Aucun des attributs inappréciables que les sages vantent sur tous les toits comme nécessaires pour atteindre le succès ne sert à quoi que ce soit sans la patience. Être brave sans patience peut vous tuer. Être ambitieux sans patience peut détruire les carrières les plus prometteuses. Sans patience, la lutte pour la richesse ne fera que vous séparer de votre mince portefeuille. Et la persévérance sans patience est toujours impossible. Qui peut tenir le coup, qui peut persévérer sans l'attente pour lui tenir compagnie ?

La patience, c'est la puissance. Utilisez-la pour affermir votre esprit, adoucir votre tempérament, étouffer votre colère, enterrer votre envie, soumettre votre fierté, brider votre langue, contenir votre main et vous rendre entier, en temps voulu, à la vie que vous méritez.

CHAPITRE 13

Le troisième commandement du succès

TU DOIS PLANIFIER TON VOYAGE AVEC GRAND SOIN OU TU DÉRIVERAS TOUTE TA VIE.

Sans un dur travail, vous avez appris que vous ne réussirez jamais. Ce sera la même chose sans la patience. Même si on travaille avec diligence et qu'on est plus patient que Job, on ne s'élèvera jamais au-dessus de la médiocrité à moins que des plans soient mis au point et des buts établis.

Aucun bateau n'a jamais levé l'ancre et hissé la voile sans une destination. Aucune armée n'a jamais marché vers le front sans un plan pour la victoire. Aucun olivier n'a jamais exposé ses fleurs sans la promesse du fruit à venir.

Dans la vie, il est impossible d'avancer convenablement sans but.

La vie est une joute dont le nombre de joueurs est restreint, mais dont les spectateurs sont nombreux. Ceux qui regardent sont les hordes qui se promènent au hasard dans la vie, sans rêve, sans but, sans plan, même pour le lendemain. N'ayez aucune pitié pour ces gens-là. Ils ont fait leur choix en ne choisissant rien. Regarder les courses à partir des estrades est sécurisant. Qui peut faire un faux pas, qui peut tomber, qui peut être ridiculisé s'il ne fait aucun effort pour participer ?

Êtes-vous un joueur ? En tant que joueur, vous ne pouvez perdre. Ceux qui gagnent peuvent remporter les fruits de la victoire et déjà, ceux qui sont défaits aujourd'hui ont appris de précieuses leçons qui peuvent faire tourner le vent en leur faveur demain.

Que voulez-vous faire de votre vie ? Avant de décider, prenez soin de tout bien considérer, pour que vous puissiez atteindre ce que vous cherchez.

Est-ce la richesse, le pouvoir, un foyer où règne l'amour, la paix de l'esprit, des terres, le respect, une position ? Quels que soient vos buts, fixez-les dans votre esprit et ne les perdez jamais de vue. Comprenez que même ceci peut ne pas être suffisant, car la vie est peu équitable. Tous ceux qui travaillent fort, patiemment, et qui ont des buts ne vont pas tous atteindre le succès. Toutefois, sans aucun de ces ingrédients, l'échec est assuré.

Donnez-vous toutes les chances de réussir. Et si vous échouez, échouez dans l'action.

Tracez vos plans maintenant. Demandez-vous où vous en serez, dans un an, si vous faites encore les choses que vous faites maintenant. Ensuite, décidez où vous préféreriez en être, en termes de richesse ou de position, ou quels que soient vos rêves. Ensuite, planifiez ce que vous devez faire dans les douze prochains mois pour atteindre votre but.

Et, finalement, mettez-vous à l'oeuvre !

CHAPITRE 14

Le quatrième commandement du succès

TU DOIS TE PRÉPARER À ENVISAGER L'OBSCURITÉ ALORS QUE TU VOYAGES ENCORE AU SOLEIL.

Réalisez bien qu'aucune condition n'est permanente. Il y a des saisons dans votre vie exactement comme dans la nature. Aucune situation à laquelle vous faites face, bonne ou mauvaise, ne durera.

Ne faites pas de plan qui s'étende au-delà d'un an. À la vie comme à la guerre, les plans de longue portée n'ont pas de sens. Tout dépend de la façon dont on réagira devant les mouvements imprévus de l'ennemi et comment toute l'affaire est résolue.

Si vous n'êtes pas préparé, votre ennemi peut être: les cycles de la vie, les rythmes mystérieux des montées et des descentes comme les grandes vagues de la mer qui s'élèvent et tombent sur les plages du monde. Marées haute et basse, aurore et crépuscule, richesse et pauvreté, joie et désespoir chacune de ces forces prévaudra en son temps.

Ayez pitié de l'homme riche, vivant sur la marée haute de ce qui semble une chaîne sans fin de grandes réalisations. Quand le malheur frappe, il est mal préparé et se retrouve ruiné. Soyez toujours prêt au pire.

Ayez pitié de l'homme pauvre, enfoncé dans la marée basse d'un échec après l'autre, d'une peine après l'autre. Éventuellement, il cesse d'essayer, juste comme la marée change, alors que le succès lui tend la main pour l'embrasser. Ne cessez jamais d'essayer.

Ayez toujours confiance que les conditions vont changer. Même si votre coeur est lourd, votre corps meurtri, votre bourse vide, et que personne ne vous réconforte, tenez bon. Tout comme vous savez que le soleil se lève, croyez aussi que votre période de malchance doit finir. Il en fut toujours ainsi. Il en sera toujours ainsi.

Et si votre travail, votre patience et vos plans vous ont apporté la chance, cherchez ceux dont la marée est basse et élevez-les. Préparez votre avenir. Le jour peut venir où ce que vous avez fait pour un autre sera aussi fait pour vous.

Souvenez-vous que rien n'est constant, mais chérissez par-dessus tout l'amour que vous recevez. Il survivra bien après que votre or et votre santé se seront évanouis.

Et prévoyez de perdre même cet amour, après un certain temps, sachant qu'un jour, vous serez réunis pour toute l'éternité dans un lieu où il n'y a pas de cycles, pas de bas ni de hauts, pas de douleurs ni de peines, et par-dessus tout, pas d'échecs.

CHAPITRE 15

Le cinquième commandement du succès

TU DOIS SOURIRE FACE À L'ADVERSITÉ, JUSQU'À CE QU'ELLE CAPITULE.

Vous êtes plus sage que la plupart, lorsque vous réalisez que l'adversité n'est jamais la condition permanente de l'homme. Mais cette sagesse seule n'est pas suffisante. L'adversité et l'insuccès peuvent vous détruire alors que vous attendez patiemment que la chance tourne. Traitez avec eux que d'une seule façon.

Accueillez l'un et l'autre à bras ouverts !

Comme cette recommandation va à l'encontre de toute logique ou raison, c'est la plus difficile à comprendre ou à maîtriser.

Que les larmes que vous versez sur vos malchances éclaircissent vos yeux pour que vous puissiez voir la vérité. Réalisez que celui qui lutte avec vous renforce toujours vos nerfs et aiguise votre habileté. Votre opposant est toujours votre meilleure aide, en fin de compte.

L'adversité est la pluie de votre vie, froide, inconfortable et inamicale. De cette saison sont déjà nés le lys, la rose, la datte et le fruit du grenadier. Qui peut dire quelles grandes choses vous produirez après avoir été desséché par la chaleur de la tribulation et trempé par les pluies de l'affliction ? Même le désert fleurit après une tempête.

L'adversité est aussi votre plus grand professeur. Vous apprendrez peu de vos victoires, mais quand vous êtes poussé, tourmenté et défait, vous acquerrez une grande connaissance, car c'est seulement alors que vous ferez la connaissance de votre véritable moi, puisque vous êtes enfin libérés de ceux qui vous flattent. Et qui sont vos amis ? Quand l'adversité vous engloutit, c'est le meilleur temps de les compter.

Dans les moments les plus sombres, souvenez-vous que chaque insuccès est seulement un pas en avant vers le succès, chaque détection de ce qui est faux vous dirige vers ce qui est vrai, chaque épreuve épuise quelque forme séduisante d'erreur, et chaque adversité ne va cacher que pour un temps votre sentier vers la paix et l'accomplissement.

CHAPITRE 16

Le sixième commandement du succès

TU DOIS RÉALISER QUE SANS L'ACTION, LES PLANS NE SONT QUE DES RÊVES.

Celui dont l'ambition rampe au lieu de prendre son essor, celui qui est toujours incertain, qui remet de jour en jour au lieu d'agir, se débat en vain contre l'échec.

N'est-il pas imprudent, celui qui, voyant la marée monter vers lui, va dormir jusqu'à ce que la mer le recouvre ? N'est-il pas fou, celui qui, ayant l'opportunité d'améliorer son sort, va délibérer jusqu'à ce que son voisin soit choisi à sa place ?

Seule l'action donne à la vie sa force, sa joie, son but. Le monde va toujours déterminer votre valeur par vos actions. Qui peut mesurer vos talents par les pensées que vous avez ou les émotions que vous éprouvez ? Et comment allez-vous proclamer vos dons si vous êtes toujours spectateur et jamais joueur ?

Mettez-y du coeur. Sachez que l'activité et la

tristesse sont d'éternels ennemis. Quand vos muscles fournissent un effort, que vos doigts empoignent quelque chose, que vos pieds se mettent en mouvement, et que votre esprit est occupé à la besogne à accomplir, il vous reste peu de temps pour l'apitoiement sur vous-même et le remord. L'action est le baume qui va guérir toute blessure.

Souvenez-vous que la patience est l'art d'attendre, avec foi, la vie que vous ont méritée vos bonnes oeuvres, mais l'action est le pouvoir qui rend les bonnes oeuvres possibles. Même votre attente des bonnes choses que vous avez gagnées semble moins longue quand vous êtes occupé.

Personne n'agira à votre place. Vos plans ne seront jamais plus qu'un rêve de fainéant jusqu'à ce que vous vous leviez et luttiez contre les forces qui vous empêcheraient de grandir. Se lancer dans l'action est toujours dangereux, mais s'asseoir et attendre que les bonnes choses de la vie vous tombent sur les genoux est le seul appel où les ratés excellent.

Tout ce qui repose entre votre berceau et votre tombe est toujours marqué d'incertitude. Riez de vos doutes et allez de l'avant. Et si ce sont des loisirs que vous cherchez, plutôt que du travail, mettez-y du coeur. Plus vous en faites, plus vous pourrez en faire, et plus vous serez occupé, plus vous aurez de loisirs.

Agissez, ou d'autre agiront.

CHAPITRE 17

Le septième commandement du succès

TU DOIS BALAYER LES FILS D'ARAIGNÉE DE TON
ESPRIT AVANT QU'ILS NE T'EMPRISONNENT.

L'esprit est son propre lieu et, de lui-même, il peut faire un ciel d'un enfer, ou un enfer d'un ciel.

Pourquoi pensez-vous encore à l'amour que votre folie et votre témérité vous ont fait perdre, il y a longtemps ? Est-ce que ce souvenir aidera votre digestion, ce matin ?

Pourquoi vous faites-vous encore de la peine à cause de vos échecs ? Est-ce que vos larmes vont améliorer vos talents alors que vous travaillez pour votre famille, aujourd'hui ?

Pourquoi vous souvenez-vous du visage de celui qui vous a blessé? Est-ce que la pensée d'une douce vengeance vous donnera un meilleur sommeil cette nuit ?

La mort d'amis, l'échec d'un travail, les mots blessants, les rancunes non méritées, l'argent perdu, les peines non résolues, les buts non atteints, les ambitions détruites, les loyautés trahies pourquoi avez-vous conservé tout cet encombrement de maux comme s'il avait de la valeur ? Pourquoi avez-vous permis à de telles toiles d'araignée infamantes de s'accumuler dans le grenier de votre esprit jusqu'à ce qu'il y ait à peine de la place pour une pensée heureuse sur ce jour que nous vivons actuellement ?

Balayez les embarras tragiques du passé, accumulés au long des années. Leurs entrailles envenimées vous étoufferont avec le temps, si vous ne vous dépêchez pas. L'habileté à oublier est une vertu, non un vice.

De plus, le fait de savoir qu'hier, avec toutes ses fautes et ses soucis, ses peines et ses pleurs, est passé pour toujours et ne peut plus vous faire mal, n'est pas suffisant! Vous devez aussi croire que vous ne pouvez rien faire au sujet de ce qui vous arrivera demain avec ses possibilités de chagrins et de bêtises, tant que le soleil ne se lèvera pas. Tout ce que vous avez, que vous pouvez façonner à volonté, c'est l'heure que vous vivez actuellement.

Ne laissez jamais les soucis de demain jeter une ombre sur aujourd'hui. Quelle folie que de s'attendre au mal avant qu'il n'arrive. Ne perdez jamais un moment à penser à ce qui n'arrivera probablement jamais. Ne vous intéressez qu'au présent. Celui qui se soucie des calamités les souffre en double.

Oubliez le passé et laissez Dieu s'intéresser au futur. Il est beaucoup plus compétent que vous.

CHAPITRE 18

Le huitième commandement du succès

TU DOIS ALLÉGER TA CHARGE, SI TU VEUX TE RENDRE À DESTINATION.

Quelle différence entre ce que vous êtes maintenant et le nouveau-né que vous étiez. Vous êtes venu au monde avec rien, mais au long des années, vous avez permis, au nom de la sécurité, que des bagages énormes vous alourdissent au point que votre voyage à travers la vie est devenu une punition plutôt qu'un plaisir.

Allégez votre charge, en commençant aujourd'hui.

Comprenez que la vraie valeur de l'homme est mesurée par les buts et les possessions qu'il refuse de poursuivre ou d'acquérir. Les grandes bénédictions de la vie sont déjà en vous, ou à votre portée. Ouvrez vos yeux à la vérité avant que vous ne fassiez le faux pas de laisser passer les trésors mêmes que vous cherchez. L'amour, la paix de l'esprit et le bonheur sont des joyaux qu'aucune condition de fortune, aucune étendue de terrains ou somme d'argent ne peut acheter ou déprécier.

Quelle récompense y a-t-il dans l'or, les soieries et les palais, si leur possession détruit le bonheur que vous avez aveuglément pris pour acquis? La plus grande erreur dans le monde, c'est de croire que l'argent et les propriétés peuvent remplir votre vie de joie. Si la fortune était synonyme de bonheur et vous rendait esclave, vous seriez alors pauvre, car vous ne seriez pas mieux qu'un âne dont le dos ploie sous la charge de l'or que vous devriez transporter jusqu'à ce que la mort vous déleste de votre cargaison.

De tous les biens matériels dont vous profitez, de tous les plaisirs dont vous jouissez, vous ne les emporterez pas plus hors de ce monde que d'un rêve. Admettez les richesses matérielles dans votre vie mais jamais dans votre coeur.

Et n'enviez personne pour ses grandes possessions. Son bagage serait peut-être trop lourd pour vous, comme ce peut-être pour lui. Vous ne voudriez pas sacrifier comme certains le font santé, paix, honneur, amour, tranquillité et conscience pour les obtenir. Le prix en serait tellement élevé que l'affaire finirait par se révéler une grande perte.

Simplifiez votre vie. Dans des conditions semblables, il est plus riche celui qui se contente de peu.

CHAPITRE 19

Le neuvième commandement du succès

TU NE DOIS JAMAIS OUBLIER QU'IL EST TOUJOURS
PLUS TARD QUE TU NE LE PENSES.

Souvenez-vous que le chameau noir de la mort se tient toujours près de vous. Restez fidèle à la pensée que vous ne vivrez pas toujours. Telle est l'ironie de la vie que cette connaissance, à elle seule, vous rendra capable de goûter la douceur de chaque nouveau jour, plutôt que de déplorer la noirceur de vos nuits.

Tous, tant que nous sommes, nous mourons, heure après heure, depuis le moment de notre naissance. En réalisant cela, placez chaque chose dans sa perspective propre pour que vos yeux soient ouverts jusqu'à ce que vous vous aperceviez que les montagnes qui vous menacent ne sont que des fourmilières et que ces bêtes qui cherchent à vous dévorer ne sont que des insectes.

Vivez en compagnie de la mort, mais sans jamais la craindre. Beaucoup ont si peur de mourir qu'ils ne vivent jamais. Ayez de la compassion pour eux. Comment peuvent-ils savoir que le bonheur de la mort nous est caché pour que nous puissions mieux endurer la vie ?

Imaginez que vous êtes appelé à mourir cette nuit. Versez des larmes maintenant, pendant que vous en êtes capable, pour ce jour d'agrément que vous avez promis à votre famille la semaine dernière, et la semaine précédente, une journée d'amour et de rire, pour laquelle vous étiez toujours trop occupé à poursuivre l'or pour en profiter. Et maintenant, ils ont votre or, c'est vrai, mais avec tout cet or, ils ne peuvent même pas acheter un moment de votre sourire.

Versez des larmes maintenant, alors que votre coeur bat encore, pour les fleurs que vous ne sentirez jamais, les bonnes actions que vous ne ferez jamais, la mère que vous ne visiterez jamais, la musique que vous n'entendrez jamais, les peines que vous ne consolerez jamais, les travaux que vous ne compléterez jamais, les rêves que vous ne réaliserez jamais.

Souvenez-vous qu'il est plus tard que vous ne pensez. Fixez cet avis profondément dans votre esprit, pas pour avoir de la peine, mais pour vous souvenir qu'aujourd'hui peut être tout ce qui vous reste.

Apprenez à vivre avec la mort, mais ne vous en sauvez jamais.

Car si vous mourez, vous serez avec Dieu. Et si vous vivez, Il sera avec vous.

CHAPITRE 20

« Je ne sais pas », soupira Zachée, approuvant de la tête les mots écrits nettement en rouge, chaque commandement étant séparé du suivant par l'espace d'une coudée sur le mur blanc. « La vérité est là, continua-t-il, pour que tout le monde la voie, mais comprennent-ils que la simple lecture des mots n'aura aucun effet sur leur vie à moins qu'ils ne décident de se mettre à l'oeuvre. »

« Agissez, ou d'autres agiront ? » dis-je en pointant la dernière ligne du commandement sur le sixième tableau.

Il approuva de la tête. Tous deux, nous étions assis dans notre carosse favori qui s'arrêta instantanément près de la porte Ouest, à côté de la foule immense qui s'était ramassée devant le mur, comme la chose s'était répétée chaque jour, ce dernier mois.

« Écoute ce bruit étrange qu'ils font », dit-il.

« Ils lisent les commandements à haute voix. Quand quelqu'un a fini avec le premier, il se déplace vers le second, et puis le troisième... » expliquai-je en montrant avec les rênes un jeune homme bien habillé se tenant près du mur.

« Regarde-le, maître; il copie chacune de tes paroles sur un parchemin. Et il y en a un autre, et un autre, faisant la même chose. »

« C'est très bon, répliqua Zachée, mais on devrait dire à ces étudiants que les mots sur la pierre ne sont rien s'ils ne sont traduits en actes. »

Nous surveillions le flux et le reflux des masses de tous les niveaux de vie, depuis un bon moment, avant que le maître ne secoue la tête et pointe un groupe de six hommes d'un âge certain discutant à haute voix près du mur.

« Ce sont des règles très simples, comme je les ai écrites, mais peut-être qu'elles ne sont pas encore assez claires. Toutes les lois et tous les règlements devraient être comme des vêtements. Ils devraient être ajustés aux gens à qui ils sont supposés servir. Je sens le besoin de me tenir devant chaque tableau, comme un professeur, et expliquer l'essence de chaque commandement. »

« Peut-être que tu sous-estimes leur intelligence. »

« Non, jamais. Ce qui m'inquiète, c'est leur esprit. La plupart d'entre eux ont dû vivre dans l'adversité pendant si longtemps que j'ai peur qu'ils n'aient perdu toute ambition d'améliorer leur vie. Les gens retiennent leur force longtemps après avoir perdu leur volonté, mais à quoi servent vos muscles si votre désir a disparu? J'ai peur qu'ils lisent ce que j'ai écrit à cause de la nouveauté de sa présentation, là, sur le mur, mais qu'ils retournent immédiatement à leur ancienne façon de vivre et de penser à travers leurs habitudes, si ce n'est pour une autre raison. . . »

« Zachée, si c'était vrai, je ne verrais pas les mêmes visages ici chaque jour, quand j'y passe. Ces gens ne se limitent pas seulement à lire tes dires, ils les mémorisent ! »

« Bon, bon. Si seulement. . . »

« Qu'est-ce qui ne va pas, monsieur. . . »

« Regarde, Joseph ! » dit-il dans un soupir, pointant par-dessus mon épaule une troupe de cavalerie romaine d'une trentaine d'hommes, dont les chevaux deux par deux se dirigeaient vers nous. À sa tête, sur un cheval gris, une figure familière, portant casque et cuirasse comme s'il était prêt pour une bataille.

« Pilate ! »

Zachée sourcilla :

« Et ses hommes ont tiré l'épée du fourreau comme s'ils s'attendaient à des troubles ! Qu'est-ce qui a amené le procurateur de Jérusalem, cette fois-ci ? »

Nous l'avons appris instamment. Derrière la cavalerie roulaient trois longs chariots tirés chacun par six chevaux et pleins d'échelles, sur lesquelles étaient montés une douzaine de soldats par chariot.

La foule recula à contrecoeur en silence au moment où les trois chariots s'arrêtèrent près du mur et que les soldats mirent pied à terre, déchargeant rapidement les échelles et les appuyant contre le mur. Comme ils travaillaient, leurs compagnons légionnaires, toujours à cheval, tournèrent leur monture pour faire face à la foule.

Zachée me tira le bras et pointa vers le troisième chariot où des soldats versaient un liquide blanc d'un grand réservoir de cuivre dans les seaux.

« Ils vont blanchir notre mur, Joseph ! »

« Mais notre mur n'a pas besoin d'être blanchi ! »

« On dirait bien que oui », dit-il tristement, montrant de la main les tableaux qui étalaient les commandements du succès.

Quand les gens des premiers rangs de la foule réalisèrent ce que les soldats se préparaient à faire, ils s'avancèrent comme une vague en criant :

« Non, non, non ! » jusqu'à ce que les cavaliers lèvent leurs épées au-dessus de leur tête de façon menaçante.

« Il y aura épanchement de sang, Joseph, à moins que nous n'arrêtions cela », grommela Zachée, descendant de voiture avec difficulté. Tremblant, je le suivis, comme il se faisait un chemin à travers la foule qui applaudit quand on le reconnut. Quand Pilate se tourna et nous vit nous approcher, il descendit de cheval et enleva son casque. Avec les mains sur les hanches et les pieds écartés, le procurateur leva son poing dans notre direction et cria :

« Petit vieillard, tu es allé trop loin avec ta peinture du mur, cette fois ! »

« Pourquoi ? demanda Zachée calmement. Qu'est-ce qu'on a fait qui soit si terrible ? »

Maintenant, Pilate secouait son poing en direction du mur aux lettres rouges.

« Les lois de Rome sont suffisantes pour cette racaille ! »

« Mais ce ne sont pas des lois que vous voyez sur le mur. Ce sont seulement des règles, de simples règles qu'on pourrait suivre pour une vie meilleure et plus heureuse. Plusieurs ressemblent aux écrits de certains des plus grands esprits de Rome et d'Athènes. Pourquoi condamnez-vous ici ce que plusieurs respectent dans votre propre pays ? »

Pilate se rapprocha et se nettoya la gorge. Son crachat arriva sur la joue de mon maître mais Zachée ne flancha pas.

« J'aurais dû te faire exécuter, hurla le procurateur, pour trahison contre l'empire, toi, publicain déloyal, toi qu'on peut difficilement appeler un homme ! »

« Pourquoi ? »

« Tu sais pourquoi. »

« Pour la même raison que tu as crucifié Jésus ? »

Pilate pâlit.

« Tu es un agitateur, exactement comme lui. Tu incites le peuple avec de fausses promesses à un type de vie qu'ils ne connaîtront jamais. Regarde-les ! Ignorants, sales, malades, sans le sou ! Qui t'a donné le droit de prescrire pour eux ? Et qu'est-ce que tu vas leur dire si ta médecine est inefficace ? Quelle sera ta prochaine suggestion, si tes règles magiques ne marchent pas ? Vas-tu les informer que Rome, après tout, est la racine de leurs problèmes et que César est à blâmer pour les croûtes de pain dont ils doivent se contenter ? Tu es un homme dangereux, Zachée. Tu séduis le peuple avec de douces tentations et dans leur condition, ils vont suivre n'importe quel idiot qui voudra bien les conduire. Toi. . . et ce Jésus ! »

Zachée sourit.

« *Bienheureux sont les pauvres en esprit, car ils. . .* »

« Assez ! » cria Pilate, se tournant vers les soldats qui attendaient au pied des échelles, seau et torchon en mains. Il leva le bras et ils commencèrent à grimper les échelles vers le haut du mur.

Soudain, accompagné par de grands cris, un jeune homme courut hors de la foule et commença à tirer les premiers barreaux d'une échelle sous un soldat qui la montait. Deux légionnaires descendirent de cheval et, pendant que l'un tenait les bras du jeune homme par derrière, l'autre enfonça son épée profondément dans son estomac. Ensuite, il agita sa lame couverte de sang vers la foule gémissante comme défiant quiconque de s'avancer.

Zachée boita de mon côté directement vers le jeune homme tombé, ignorant les deux soldats et leur lame posée. Il s'agenouilla et berça la tête du garçon dans ses bras. Ça faisait longtemps que je n'avais pas vu pleurer mon maître.

Au crépuscule, les commandements du succès avaient été effacés ; le mur près de la porte ouest était redevenu blanc et Pilate était retourné à Jérusalem avec ses hommes.

CHAPITRE 21

Depuis que Zachée avait renoncé à ses responsabilités, qu'il avait transféré la propriété de ses fermes et de ses boutiques, et distribué sa fortune aux pauvres, nos habitudes de vie avaient changé. Maintenant, c'était lui qui restait couché, longtemps après le lever du soleil, et c'est moi qui, après des nuits irrégulières, me levais de bonne heure et marchais à travers les rues de Jéricho à la recherche de quelque chose de mieux à faire.

Le matin suivant l'acte terrible de Pilate, pour des raisons que je ne comprendrai jamais, je me retrouvai sur la rue pavée à l'intérieur du mur, jusqu'à ce que j'arrive enfin près du mur, à la porte ouest, juste au moment où le soleil se levait au-dessus des montagnes distantes. À cause de l'heure matinale, j'étais seul dans la rue. Je n'oublierai jamais cette aurore.

Là sur le mur blanc brillant fraîchement peint, chaque mot tracé en rouge exactement comme il l'avait toujours été : *c'étaient les commandements du succès !*

Je me souviens d'être tombé à genoux, dérouté, traumatisé. Je me suis frotté les yeux jusqu'à ce qu'ils me fassent mal, pensant qu'ils me jouaient des tours dans la lumière changeante du matin. Avais-je des illusions ? Est-ce la tragédie de la veille qui affectait mon esprit ? J'entendis une toux et je sursautai. Une personne en bleu, s'approcha alors, tête penchée comme pour la prière.

« Ben-hadad, criai-je, est-ce toi ? »

Le vieil homme ralentit son pas.

« Joseph ? Que fais-tu sur le bord de la route de si bon matin ? Es-tu blessé ? Est-ce que des bandits t'ont attaqué et ont volé ta bourse ? »

« Ben-hadad, regarde ! criai-je, pointant vers le mur. Dis-moi que mes yeux me trompent. Qu'est-ce que tu vois ? »

Ses gestes furent toute la confirmation dont j'avais besoin. Des larmes commencèrent à ruisseler de son visage ridé comme il s'effondra sur ses genoux près de moi.

« C'est un miracle, Joseph, un miracle! Penser que je devais vivre pour voir un tel jour! Deux fois, maintenant, Dieu a utilisé les murs de Jéricho pour nous assurer qu'il n'a pas tourné le dos à la recherche de l'homme pour une meilleure vie. Et regarde, là; Joseph, regarde, là! fit-il en sursautant, pointant au-delà du tableau qui montrait le neuvième commandement du succès. On a ajouté quelque chose aux paroles de notre ami Zachée ! »

« Ça ne se peut pas ! » criai-je, me frottant les yeux encore une fois. « Ça ne se peut pas ! »

« Est-ce que ton maître avait un dixième commandement qu'il avait décidé de ne pas présenter ? »

« Je ne pourrais le dire avec certitude. Il a mentionné, un jour que nous travaillions, qu'il existait vingt ou trente règles et que toutes étaient importantes, mais il croyait que neuf seraient suffisantes pour jouer le jeu de la vie avec une bonne chance d'être victorieux. Et le nombre dix, disait-il, était réservé aux commandements de Dieu. »

« Mais maintenant, nous en avons dix », dit Benhadad, le souffle coupé.

« Oui, et le dixième est écrit en rouge, de la même grandeur et du même style que les neuf autres ! Je dois me dépêcher. Je dois courir raconter ça à Zachée... ! »

« Attends, dit le vieillard, me tirant la manche. Avant de t'en aller, lisons ensemble le dixième commandement du succès, toi et moi. Après tout, ce n'est pas tous les jours qu'on peut partager un miracle ! »

Et c'est comme ça que, nous tenant la main, nous avons lu les mots...

CHAPITRE 22

Le dixième commandement du succès

NE CHERCHE JAMAIS À ÊTRE AUTRE CHOSE QUE TOI-MÊME.

Être vous-même et devenir ce que vous êtes capable de devenir est le secret d'une vie heureuse.

Chaque être vivant a des talents différents, des désirs différents, des facultés différentes. Soyez vous-même. N'essayez pas d'être autre que votre moi authentique; même si vous trompez le monde entier, vous serez dix mille fois pire que rien.

Ne perdez jamais aucun effort à vous changer en quelque chose que vous n'êtes pas pour plaire à quelqu'un d'autre. Ne mettez jamais de faux masques pour gratifier votre vanité. Ne cherchez jamais à être évalué pour vos réalisations ou vous cesserez d'être évalué pour vous-même.

Considérez la façon de vivre des plantes et des animaux dans les champs. Un figuier a-t-il jamais porté une pomme ? Un grenadier a-t-il jamais produit une orange ? Un lion a-t-il jamais essayé de voler ?

Seul l'homme, parmi tous les êtres vivants, cherche follement à être différent de ce pourquoi il fut créé tant que sa vie ne le marque pas comme un inadapté. Les inadaptés sont des fiascos du monde, poursuivant toujours une carrière plus gratifiante qu'ils ne trouveront jamais à moins qu'ils ne regardent derrière eux.

Vous ne pouvez choisir votre appel. C'est votre appel qui vous choisit. Vous avez été gratifié de talents spéciaux qui sont à vous seul. Utilisez-les, quels qu'ils soient, et oubliez donc l'illusion de porter le chapeau d'un autre. Un conducteur plein de talents peut gagner or et renommée avec ses talents: Faites-lui cueillir des figues et il va crever de faim.

Personne ne peut prendre votre place. Rendez-vous bien compte de ça et soyez vous-même. Vous n'êtes pas obligé de réussir. Votre seule obligation est celle d'être sincère avec vous-même.

Faites du mieux que vous pouvez, dans les choses où vous êtes à votre meilleur, et vous saurez, en votre âme et conscience, que vous êtes *LE PLUS GRAND SUCCÈS DU MONDE.*

CHAPITRE 23

Mon vieux coeur cognait à une allure folle et mes jambes étaient presque engourdies, lorsque je suis revenu au palais. Si Shemer, effrayé, ne m'avait pas cueilli aussi vite que j'ai ouvert la porte d'entrée, je suis sûr que je me serais effondré sur les carreaux.

Il essaya de me conduire sur un banc voisin, dans le foyer, mais je n'en voulus rien faire. Après plusieurs respirations profondes, j'ai finalement réussi à demander :

« Où est le maître ? Dort-il encore ? »

« Non, monsieur. Il s'est levé de bonne heure et il a déjà mangé. Avez-vous faim ? »

Je secouai la tête.

« Et où est-il maintenant ? »

Shemer fit un geste vers l'arrière du palais.

« Il a dit qu'il s'en allait prendre une marche dans le jardin. Vous le trouverez probablement près de la tombe de Léa. Ces derniers temps, il y a passé beaucoup de temps. »

J'avais l'impression que mes jambes avaient été attaquées par une horde de guêpes et des douleurs aiguës me poignardaient le dos et la poitrine, mais j'ai fait en sorte de m'éloigner en chancelant dans le long hall d'entrée, et de sortir par la porte arrière qui conduisait au jardin. La tombe était située à plus de cent coudées de distance, ombragée par quatre oliviers, mais je l'ai vu immédiatement, assis sur l'angle élevé qui entourait la structure de marbre et appuyé sur son mur de côté.

Même à cette distance, je ne pouvais rester silencieux. Boitant vers lui aussi vite que je pouvais, je criai :

« Zachée, Zachée, je t'apporte de grandes nouvelles ! Un miracle est arrivé ! Un miracle ! Tu ne le comprendras pas avant d'avoir vu de tes propres yeux ! »

Chaque pas multipliait férocement les douleurs dans ma poitrine.

« Zachée, Maître ! Tu dois venir... Dépêche-toi !... Tes paroles... *LES COMMANDEMENTS DU SUCCÈS*... le mur... »

Ses yeux étaient clos. Je me mis à genoux près de lui et pris ses mains croisées dans les miennes pour le réveiller gentiment et c'est alors que je m'aperçus que je n'y arriverais pas. Je me penchai en avant et plaçai ma joue contre ses doigts froids et ils se séparèrent immédiatement, relâchant un petit objet blanc qui tomba sur la pierre et se fracassa. Je me penchai sur les fragments et ramassai un tout petit oiseau, délicatement sculpté dans l'ivoire, tout ce qui restait maintenant intact du hochet de bébé que je n'avais vu qu'une fois, il y a tellement longtemps. Je l'embrassai et commençai finalement à pleurer; pas de larmes de peine, mais de joie !

Ce petit oiseau était finalement libéré de sa cage terrestre, de même que mon maître bien-aimé !

LE PLUS GRAND MIRACLE DU MONDE

Ce livre, écrit par Og Mandino, nous dit que nous sommes Le plus grand miracle du monde. Il est une grande inspiration pour l'âme et l'esprit. L'auteur nous y raconte une expérience d'amitié spirituelle impressionnante qui nous fait davantage nous apprécier et qui nous rend plus conscient de la beauté des êtres et des choses qui nous entourent.

Norman Vincent Peale a dit: «Ce nouveau livre accomplira des miracles dans la vie de milliers de personnes.» Il n'en tient qu'à nous d'être une de ces personnes privilégiées, en utilisant le fameux Memorandum de Dieu dévoilé dans ce livre.

En vente chez votre libraire ou à la maison d'édition

Les éditions Un monde différent ltée
3400, boulevard Losch, Local 8
Saint-Hubert, QC, Canada
J3Y 5T6

LE PLUS GRAND SECRET DU MONDE

Og Mandino, auteur bien connu, présente ici les dix rouleaux de la réussite. Ce livre vous apprendra comment les lire et comment utiliser la sagesse qu'ils enseignent dans votre vie de tous les jours. Vous pouvez enregistrer vos progrès de jour en jour, grâce au registre de progression inclus. Tout cela vous mènera lentement mais sûrement à la richesse, à la santé, au bonheur et, plus important encore, à la paix intérieure.

Achevé   Imprimerie
d'imprimer Gagné Ltée
au Canada Louiseville